经学常谈

屈守元　著

北京出版集团公司
北京出版社

图书在版编目（CIP）数据

经学常谈／屈守元著． — 北京：北京出版社，
2014. 7

（大家小书）

ISBN 978－7－200－10664－0

Ⅰ．①经… Ⅱ．①屈… Ⅲ．①经学—研究 Ⅳ.
①Z126. 27

中国版本图书馆 CIP 数据核字（2014）第 111226 号

责任编辑　高立志　乔天一
责任印制　宋　超
装帧设计　北京纸墨春秋艺术设计工作室

· 大家小书 ·

经学常谈

JINGXUE CHANGTAN

屈守元　著
＊

北 京 出 版 集 团 公 司
北 京 出 版 社 出版
（北京北三环中路 6 号）
邮政编码：100120

网　址：www. bph. com. cn

北京出版集团公司总发行
新 华 书 店 经 销
三河市同力彩印有限公司印刷
＊

880 毫米×1230 毫米　32 开本　5.25 印张　90 千字
2014 年 7 月第 1 版　2023 年 2 月第 2 次印刷

ISBN 978－7－200－10664－0
定价：32. 00 元

质量监督电话：010－58572393

序　言

袁行霈

　　"大家小书"，是一个很俏皮的名称。此所谓"大家"，包括两方面的含义：一、书的作者是大家；二、书是写给大家看的，是大家的读物。所谓"小书"者，只是就其篇幅而言，篇幅显得小一些罢了。若论学术性则不但不轻，有些倒是相当重。其实，篇幅大小也是相对的，一部书十万字，在今天的印刷条件下，似乎算小书，若在老子、孔子的时代，又何尝就小呢？

　　编辑这套丛书，有一个用意就是节省读者的时间，让读者在较短的时间内获得较多的知识。在信息爆炸的时代，人们要学的东西太多了。补习，遂成为经常的需要。如果不善于补习，东抓一把，西抓一把，今天补这，明天补那，效果未必很好。如果把读书当成吃补药，还会失去读书时应有的那份从容和快乐。这套丛书每本的篇幅都小，读者即使细细地阅读慢慢地体味，也花不了多少时间，可以充分享受读书的乐趣。如果把它们当成补药来吃也行，剂量小，吃起来方便，消化起来也容易。

我们还有一个用意，就是想做一点文化积累的工作。把那些经过时间考验的、读者认同的著作，搜集到一起印刷出版，使之不至于泯没。有些书曾经畅销一时，但现在已经不容易得到；有些书当时或许没有引起很多人注意，但时间证明它们价值不菲。这两类书都需要挖掘出来，让它们重现光芒。科技类的图书偏重实用，一过时就不会有太多读者了，除了研究科技史的人还要用到之外。人文科学则不然，有许多书是常读常新的。然而，这套丛书也不都是旧书的重版，我们也想请一些著名的学者新写一些学术性和普及性兼备的小书，以满足读者日益增长的需求。

"大家小书"的开本不大，读者可以揣进衣兜里，随时随地掏出来读上几页。在路边等人的时候、在排队买戏票的时候，在车上、在公园里，都可以读。这样的读者多了，会为社会增添一些文化的色彩和学习的气氛，岂不是一件好事吗？

"大家小书"出版在即，出版社同志命我撰序说明原委。既然这套丛书标示书之小，序言当然也应以短小为宜。该说的都说了，就此搁笔吧。

前　言

吴国武

"经学"，一个中国人既陌生又熟悉的名词，逐渐从远逝模糊的背影中回转，穿越百余年的风雨沉浮，重新走入当代学术研究和社会各界的视野。在颠沛造次的回转路上，经学入门书起了潜移默化的作用，屈守元先生的这部《经学常谈》便是一例。

我们知道，经学是研究和运用儒家经典的传统学问，长期居于中国传统学术文化的核心位置。这门学问，是围绕《易》《书》《诗》《礼》《乐》《春秋》六类经典（即"六经"）的解释和应用而展开的。到后来，又衍生出《论语》《大学》《中庸》《孟子》四部传记构成的"四书"经典体系。最后，逐渐形成以研究和运用《周易》《尚书》《毛诗》《周礼》《仪礼》《礼记》《春秋左氏传》《春秋公羊传》《春秋穀梁传》《孝经》《论语》《尔雅》和《孟子》十三部儒家经传（即"十三经"）为基础的传统学术形态。这门学问包括考据之学、义理之学、辞章之学和经济之学诸多方向，影响及于古代中国、日本、朝鲜、越南等东亚世界。

依照传统学问的内在理路，经学的源头可追溯到尧舜以来形成的"王官学"。经过宗周礼乐文明的洗礼和周秦诸子百家的论辩，特别是孔子及其后学的温故创新，承载王官学的"六艺"类典籍转换为早期的儒家经典，经学也由此产生。随着"独尊儒术"国策的确立和五经博士制度的设置，经学在汉武帝时代走向成熟，儒家经传文本也日趋固定。西汉而下，汉代的章句训诂之学、魏晋的玄学化解释、南北朝隋唐的义疏学、宋明的义理学、清代的考据学成为经学在不同时期的重要典范。在朝代更替、天下兴亡的东亚世界，经学走过了两千多年的发展历程。

晚清以降，世风丕变，天下国家分崩离析，传统经学顿时坠地，古老的中国猛然站在现代化转型的重要关头。从民国到今天，新的现代学术体制和社会规则逐步生根结果，改造、支解乃至捐除经学的呼声不绝于耳，而整理、保存乃至倡导经学的举动也时断时续。在争议和冲突中，经学由传统学术文化的核心降至现代学术体制的边缘，一度还被完全取消。近三十年来，随着"传统文化热"、"国学热"、"儒学热"的渐次兴起，经学的历史命运出现了百年未遇的生机。屈守元先生这部力求浅易、特色鲜明的小书，恰好写于"全盘西化论"骤然停息不久、"传统文化热"悄然兴起之初的 1991 年。

据《慮翁自订年谱》，屈先生自幼熟读经史，后从蜀学先辈游，长期执教于四川诸大学，研习四部，讲授国故，尤精文学。这部《经学常谈》其所以能够达到"信手拈来"、"不能者止"的境界，与他浸润旧籍的学术经历密不可分。从该书的《自序》来看，屈先生所谓"常谈"不仅仅指经学常见知识的娓娓道来，更多的是想说明："经书里的许多道理，中国以为常，或者外国并不以为常。不习惯于听常谈的中国人，会按照全盘西化的常规，把经学讲成非常可怪的一种学说的。"

民国以来，经学入门书的写法往往以仪征刘师培先生《经学教科书》为楷模，逐渐形成"知识凸现"、"价值隐匿"的学术理路。而这部《经学常谈》却着力将"常见知识"和"常见道理"的谈论相结合，与其他经学入门书的写作理路不尽相同。历来的"全盘西化论"者都将经学当作一种奇谈怪论，而屈先生却视"经书里的许多道理"为中国人的常谈，这需要学术勇气和远见卓识。事实上，这种"知识"、"道理"兼备的写作理路，深深地烙上了百年思潮的时代印记。

一般认为，晚清的经今古文之争拉开了传统经学近代转型的大幕。民国初年到抗战前夕，余杭章太炎先生的古文经学观念一度颇为流行，作为后辈的屈先生深受影响。在这部书中，他最服膺章氏所谓"学者将以实事求是，有用与否，固不暇计"的治学态度，吸收章氏《国故论衡》《检论》《訄书》《太炎文录》诸作的意见比比皆是。比如，近人讲"经学"多从"经"字的本义讲起，而有关"经"字原始含义又都以章氏的"书籍"说为宗。受章氏说法的启发，屈先生得出"'经'即指大型典籍（以二尺四寸的典籍为主）"的认识，并在此基础上进一步指出："经学就其原始的意义讲，实具有文献学的特征。不过，这些文献是被历代统治者尊奉为经典的文献，所以它被涂抹上了神秘的色彩。"简短两句话，将经学的文献学和价值观双重特质揭示出来。当然，屈先生身为四川人，受惠于蜀学前辈最多，很多想法的背后有今文经学大家井研廖平先生的影子。在这部书中，他多次表彰廖氏《今古学考》有关经今古文问题的意见，甚至模仿廖氏所创的"经话"体式来充实"常谈"的内容和方向。

随着国故整理运动的兴起，儒家典籍衍变为科学研究的材料，经学隐退之势加剧。民国以来，蔡元培、钱玄同、胡适、顾颉刚诸先生的现代学术分科体系和科学整理方法成为主流，屈先生亦受影响。比如，近人分群经为现代人文社会科学的研究对象，整理国故思潮进一步巩固了这种学术理路，屈先生也有类似的看法。他说："《易》以神学—哲学为主要内容。《书》以上古历史及上古王朝的教令、文告为主要内容。《诗》以文学艺术为主要内容。《礼》以民俗、法制为主要内容。《春秋》以史事、史料为主要内容（包括孔子对于史事的褒贬、评论）。"其实，这种看法似是而非。《易》以外的经书莫不有哲学，《书》《春秋》以外的经书亦为上古的历史记录，《诗》以外的经书也是文学艺术的载体。更重要的是，"六经"及其解释包括了历代先贤"经天纬地"、"修己治人"的想法和做法。

新中国建立后，包括经学在内的一切传统学问经历了"批判继承"的考验，马克思主义的研究方法成为新的主流。顺着这种思路，屈先生也强调："食古不化，或者片面地强调'立竿见影'的'效益'，都不足取。"在"儒学热"持续升温的今天，他的忠告也不能不令人深思。

此外，屈先生还特别关注如何研究经学的问题。一些精辟的见解，可以作为我们阅读经典、研究经学的参考。比如，他直言不讳地讲："曲学阿世是经学的邪路。"尽管书中所举为汉魏六朝经学中热衷利禄、阿谀奉承的不良风气，但是这种看法对于经学的提倡者有很好的警示作用。又比如，他反复强调："不读群书即谈不上经学。"书中举例说明了"十三经"以外的经学文献（包括《逸周书》《韩诗外传》《大戴礼记》、汉代纬书和历代文集中经学资料）的重要性，这种建议对于经学的研究者也起到很好的指引作用。

最近一段时期，经学的正面形象得到初步的恢复，经学的回归成为重要话题之一。当然，有关经学的讨论还在继续，讨论中的得失问题逐渐显现。从好的方面来说，越来越多的人认识到经学在中国传统学术文化中的核心地位，理解了阅读和研习儒家经典的必要性，期盼经学能为当代中国和世界的发展做出更大的贡献。当然，需要反思的地方也还不少，包括很多人不太了解经学的博大和精深之处，有关经学内容的种种误读没有得到全面澄清，在"何谓经学"、"经学为何"等大问题上缺乏广泛的共识。

经学，毕竟与我们渐行渐远的时间太久。像《经学常谈》这样的作品，记录了经学的模糊背影。也许，在不久的将来，经学的模糊背影将会变得越来越清晰，经学也将在当代中国和世界找到最合适的位置。

2014 年 5 月，于北大

目　录

自　序

　　昔管公明（辂）为何平叔（晏）说《孝经》"高而不危"及《易》"谦""壮"两卦，何平叔谓之"老生常谈"（《魏志·方技传》）。是谈经为常谈，从古便是这种看法。经书里的许多道理，中国人以为常，或者外国并不以为常。不习惯于听常谈的中国人，会按照全盘西化的常规，把经学讲成非常可怪的一种学说的。"常谈者见不谈。"（亦《方技传》载管辂语）这种非常可怪的经学，只有祝愿它赶快收起，不谈为妙！

　　这本小册子用常谈谈经，目的在讲点经学的基础常识，让我国青少年像中国人［应该的］那样去了解点经学，这或许是从历史发展的角度去懂点国情之一助吧。

　　全书分为四个部分：一、《引言》，讲明什么是经学，何以要学点经学，这些一般的道理。二、《分论》，按《易》、《书》、《诗》、《礼》、《春秋》的习惯次第，对各种经书，讲明它的特征和所应注意的事项。三、《通说》，讲了点关于经学的一般常识。四、《经话新编》，提供一些零星的经学资料，也讲了点关于经学研究应该注意的问题。老生常谈，所以力求浅易。没有什么高深的理论，也不提出什么奥妙的问题。但愿读者一览之后知道点经学常识而已。

经书是经儒学宗师孔子整理过的古代典籍。里面所包含的民族习俗、原始宗教，以及古代传说、社会政治学说理论，等等，世界各民族与之共同的地方是有的，与之差异很大的地方也是有的。比较研究不妨，附会牵合却窃窃以为不可。对于今天有用是肯定的，对于今天有碍恐也不免。凡是先定调子，强不知以为知，都不是实事求是的科学态度。我的水平不高，但常谈还可以试为。古人说："幼童而守一艺，白首而后能言。"该我讲点给年青人听的时候了。"陈力就列，不能者止。"我能讲的很有限，不敢勉强，更不敢无知而妄说。

辛未重午，七十八叟成都屈守元

引　言

一、什么是经学

先谈一谈什么是经？经指儒家传习的经典。经的原始含义，章炳麟《国故论衡》卷中《文学总略》里讲得很清楚，他说："书籍得名，实冯傅（凭附）竹木而起。""世人以'经'为常（《广雅·释训》），以'传'为转（《释名·释书契》），以'论'为伦（《释名·释典艺》），此皆后儒训说，非必睹其本真。"他认为："'经'者，编丝缀属之称，异于百名以下用版者，亦犹浮屠书称'修多罗'。修多罗者，直译为线，译义为经。盖彼以贝叶成书，故用线联贯也；此以竹简成书，亦编丝缀属也。""'传'者，专之假借。《论语》'传不习乎'，《鲁》作'专不习乎'（《释文》引郑玄注）。《说文》训'专'为'六寸簿'（《寸部》）。簿即手版，古谓之忽（今作笏）。""专之得名，以其体短，有异于'经'。郑康成《论语序》云：《春秋》二尺四寸，《孝经》一尺二寸，《论语》八寸。（此节引郑序佚文，有宋翔凤辑本，见刘宝楠《论语正义》附录。）此则'专'之简策，当复短于《论语》，所谓'六寸'者也。""'论'者，古但作仑，比竹成册，各就次第，是谓之仑。"

以上是章氏按照"书籍得名凭附竹木"，这一古代典籍的称呼，都有它的物质基础这个原则，提出"经""传""论"诸种名目的原始含义，这种说法，是符合科学的。由此可见，"经"即指大型典籍（以二尺四寸的典籍为主），经学即是研究大型典籍之学。这些大型典籍，是经过以孔子为宗师的儒家整理而流传下来的。本来除儒家以外，墨、名、法、道诸家，都拥有这样的典籍，而现在流传的却是经过儒家整理，与各家学派传习的不尽相同。儒家学派被历代的统治者尊为正宗学派，其宗师孔子又被尊奉为圣人，所以儒家传习的典籍，特用二尺四寸的大型简册来书写，尊为经典。这种大型经典，奉为不可改变的常法，所以经典有常道（五常、伦常，都用常字）、法典一类的含义，这实是它抽象化了的引申义。

经学就其原始的意义讲，实具有文献学的特征。不过，这些文献是被历代统治者尊奉为经典的文献，所以它被涂抹上了神秘的色彩。

最早的儒家经典，便是经过孔子整理，用来传授弟子的教材。这些教材，包括当时政治、学术、文化、科技的全部知识。

《易》以神学—哲学为主要内容。

《书》以上古历史及上古王朝的教令、文告为主要内容。

《诗》以文学艺术（包括诗歌、音乐、舞蹈；《乐经》无书，实际上散入《诗》和《礼》）为主要内容。

《礼》以民俗、法制为主要内容（包括音乐理论，还有科技方面的东西，特别是《周礼·考工记》）。

《春秋》以史事、史料为主要内容（包括孔子对于史事的褒贬、评论）。《春秋》与《书》不同，《书》属上古史，《春秋》属那时的近、现、当代史。

儒家是学派，不是宗教，经学更不是神学。

二、古代经学概况

儒家经典内容广博，历代（主要是从汉以后）统治者因此大大地利用了这样的文献，重视研究这种文献的学科——经学。中国古代学术于是形成了以经学为主，特别尊经的特点。从汉以来，知识分子的精力，大都使用在经学上。所谓"幼童而守一艺，白首而后能言"（《汉书·艺文志》）。时代的变化，民族文化相互交流的影响，经学也有很大的变化，也有若干次重大的改革，形成了各种流派。古代的各种政治主张，各种学术见解，也往往托原或者附会于经学。

古代史籍重视经学，记录了经学的发展，也为经学各个流派中的代表人物写了传记。正史中，除《三国志》《宋书》《南齐书》《旧五代史》《新五代史》外，都有《儒林传》或《儒学传》，记载经学研究者及经典传习情况。《宋史》还有《道学传》，所记亦即当时的经学新派。"二十四史"以外，《新元史》和《清史稿》，也有《儒林传》。至于《宋元学案》（一百卷，黄宗羲著，全祖望增补）、《明儒学案》（六十二卷，黄宗羲著）、《汉学师承记》（八卷，附《宋学渊源记》二卷，江藩著）一类书，更是属于专门记载儒学、经学的史籍了。

关于经学著作，从第一部目录书《七略》——《汉书·艺文志》起，即有详尽的著录。《七略》（即《汉志》）首列《六艺略》，共著录了 103 家，2123 篇，占《七略》全部作者 677 家的 15%，全部著作 12951 篇的 24%。以后的目录，从荀勖《中经簿》起，"经部"在"四部"中总占第一部（甲部）。清代所修的《四库全书》中，"经部"书 693 部，占全书总数 3431 部的 19.9%；共有卷数 10050 卷，占全书总卷数 79281 卷的 12.6%。清初朱彝尊作《经义考》，把他所知道的历代经学著作，分"存""阙""佚""未见"进行著录，仅写了各书解说，便成书三百卷。历代经学著作佚亡的不少，譬如唐以前的许多著作，都因《释文》《正义》流行，便没有什么人传习了（那些著作的主要内容都被《释文》《正义》所采用）。大抵有材料的尚可传远，凿空评论，反复剿袭的所谓"著作'，寿命往往是短暂的。

专辑经学著作的丛书也不少，以《通志堂经解》（纳兰性德辑刊）、《皇清经解）（阮元辑刊）及其《续编》（王先谦辑刊）为最著。《通志堂经解》139 种，1781 卷，主要是宋儒学派的著作。《皇清经解》190 种，1468 卷；《皇清经解续编》209 种，1430 卷，都是清代汉学（朴学）家的著作。

历代经学著作，还有待于进一步整理、总结。从现存古籍的各种门类讲，经学是古籍中数量最大的一个学科门类。

三、为什么要了解点经学

（一）经学与传统文化的关系

中华民族的传统文化，无论风俗，习惯，属于民俗范围的；道德、伦常，属于观念形态的，都与经学有一定的关系。这些方面的内容，当然不都是精华，不必推为"国粹"，但也不全是糟粕，更不可以一律指为"劣根性"。对于传统的一切，都要作具体的分析：哪些该继承，哪些该扬弃，哪些该发展，哪些该改革。鲁迅所提出的"拿来主义"，要求我们"运用脑髓，放出眼光，自己来拿"（《且介亭杂文》）。"自己来拿"就必须了解那个作为批判地继承的对象，就要学点经学。"自己来拿"就不能道听途说，人云亦云；只有"运用脑髓，放出眼光"，即体验实践，弄清底细，了解实情，才能有真知灼见。我们祖国历史悠久，遗产丰富，而经学更是它的有特殊影响的一部分，怎么能不了解一点呢？

（二）经学与阅读、整理古代典籍的关系

古人说："穷经为读书之本。"这句话不完全正确，可是，如果从阅读古代典籍的基础知识这一角度来理解，则不能说没有道理。中国古代士人都是读过经书的，所以他们的著述，无论内容、形式以至选词、用典，总离不开经书。现在有所谓"红学家"，不懂《红楼梦》旧评中的"棠棣之威"（出《诗经·小雅·棠棣》）、"豫大丰亨"（出《易经》"豫""丰"），不能断句，闹出不能

容忍的大笑话（见《红楼梦研究集刊》第二辑），便是
一个典型的例子。不管你对于经书的评价怎样，但古代
文人，包括写白话小说的曹雪芹，评论《红楼梦》的脂
砚斋主人，以及写《啸亭杂录》的昭梿，都是熟读《五
经》、《四书》的，你不通经，怎么会和他们有共通语言？
怎么会理解他们的著作？缺乏通经这种基础知识，要打
起研究传统文化的旗号，不闹笑话，才是怪事！有些人
动辄批评古人，轻易评论传统文化，然而连古人说的什
么都不懂，古人的话从哪儿来的也没有弄清楚，你的批
评，你的辩论，怎么能令人信服呢？这就是标准的"无
实事求是之意，有哗众取宠之心"。因此研究传统文化，
学习古代文学、古文献学、古代文化史，有个前提，就
是要了解点经学，打好基础。从这个角度来理解"穷经
为读书之本"，是有它的道理的。

（三）关于"通经致用"

"通经致用"是汉代今文学家提出的口号，皮锡瑞
《经学历史》卷三专谈到这点。"致用"应该怎么理解，
值得研究。皮锡瑞说："武宣之间，经学大昌，家数未
分，纯正不杂，故其学极精而有用。以《禹贡》治河，
以《洪范》察变，以《春秋》决狱，以三百五篇当谏

书，治一经得一经之益也。"皮锡瑞所举的这几个例子，可以一一考查：

"以《禹贡》治河"，是指的平当的事。据《汉书·隽疏于薛平彭传》，平当"以明经为博士"，又说："当以明《禹贡》使行河，为骑都尉，领河堤。"《沟洫志》说："哀帝初，平当使领河堤，奏言：九河今皆寘灭，按经义，治水有决河深川，而无堤防雍塞之文。"这就是平当以《禹贡》治水的具体主张。这种主张显然是硬搬《禹贡》教条，所以王先谦的《汉书补注》即作了评论说："当言可谓明《禹贡》矣，然与后世筑堤束水、借水刷沙情势又自不同。"

"以《洪范》察变"，是指的刘向的事，《汉书·楚元王交传》说："向见《尚书·洪范》箕子为武王陈五行阴阳休咎之应，乃集合上古以来，历春秋六国至秦汉符瑞灾异之记，推迹行事，连传祸福，著其占验，比类相从，各有条目。凡十一篇，号曰《洪范五行传论》，奏之。"《洪范五行传论》即今《汉书》的《五行志》。至多只能说他假借天灾变异的状况，向罪恶的统治者提出些告诫而已，所谓"察变"云云，完全是无知的迷信。

"以《春秋》决狱"，指的是董仲舒的事。《汉书·艺文志》的《春秋类》有《公羊董仲舒治狱》十六篇，《董仲舒传》说："仲舒在家，朝廷如有大议，使使者及廷尉张汤就其家而问之，其对皆有明法。"齐召南、钱大昭都指出，董仲舒的对答问题即是《公羊春秋治狱》一书，其书《通典》及《太平御览》还有引用，《玉函山房辑佚书》曾辑其佚文。不顾当时法律，一味案《春秋》推理，任情轻重，直是为历史上有名的酷吏张汤杀人张目。

"以三百五篇当谏书"，指的是王式的事。《汉书·儒林传》说："式为昌邑王师。昭帝崩，昌邑王嗣立，以行淫乱废，昌邑群臣皆下狱诛。唯中尉王吉、郎中令龚遂，以数谏减死论。式系狱当死，治事使者责问曰：师何以无谏书？式对曰：臣以《诗》三百五篇朝夕授王。至于忠臣孝子之篇，未尝不为王反复诵之也。至于危亡失道之君，未尝不流涕为王深陈之也。臣以三百五篇谏，是以无谏书。使者以闻，亦得减死论。"从这个故事看，所谓"以三百五篇当谏书"，不过是王式为自己的死罪辩解。如果《诗》三百五篇真起到了谏书的作用，昌邑王就不会那样荒淫无道了。所有这些例子，都不能证明"通经"可以"致用"。

章炳麟对于"通经致用"之说，曾予以有力地驳斥，他说，"西京之儒，其诵法既狭隘，事不周浃，而比次之，是以龃龉失实，犹以师说效用于王官，制法决事，兹益害也！杜贾马郑之伦作，即知'抟国不在敦古'（语见《管子·霸言》）；博其别记，稽其法度，核其名实，论其群众，以观世，而六艺复返于史，秘祝之病不渍于今。其源流清浊之所处，风化芳臭气泽之所及，则昭然察矣"（《检论·清儒》）。又说："旧章诚不与永守，政不骤革，斟酌向今，未有不借资于史。先汉之史则谁乎？其惟姬周旧典见于六籍者，故虽通经致用未害也。迁固承流，而继事相次十有余家，法契之变、善败之数则多矣，犹言通经致用，则不与知六籍本意！"（《检论·订孔上》）又说："《春秋》断狱，《禹贡》治河，三百五篇当谏书，无过以典训缘饰，不即曲学干禄者为之。汉之循吏吴公、张释之、朱邑、黄霸，少弩如韩延寿，皆以刀笔长民，百姓戴德。仲舒乃为张汤增益苛碎，尝仕江都，民无能称，侔于千驷。此则经术致用，不如法吏，明矣！仆谓学者将以实事求是，有用与否，固不暇计。求六艺者，究其一端，足以尽形；寿兼则倍之。泛博以为用，此谓九能之士，不可言学。近世翁同龢、潘祖荫之徒，学不罩思，徒捃摭《公羊》，以为奇觚。金石刻画，厚自光宠，然不敢言致用。康有为喜傅会，媚以拨乱之说，又外窃颜李为名高，海内始彬彬向风。其实自欺！诚欲致用，不如掾吏识形名者多矣！学者在辨名实，知情伪，虽致用不足尚，虽无用不足卑"（《文录》卷二《与王鹤鸣书》）。

早于章炳麟二百年的章学诚（1738—1801）曾说："六经皆史也。"（《文史通义·易教上》）章炳麟基本上依据这个观点来评价儒家经典的。他认为自从司马迁作《史记》、班固作《汉书》以来，历史典籍已连续不断的出现，法制习俗既有改变，成功失败的经验也层出不穷，要讲"致用"，就不仅仅是"通经"而已。清末的经今文学家所喧嚣一时的"通经致用"，不过是维新派政治家的需要，也即康有为所谓"托古改制"的一个内容。不过"以典训缘饰"，附和的人甚至于有些"曲学干禄者"。章炳麟把"通经致用"这种口号的政治背景及其局限，可以说是讲得很清楚了。康有为鼓吹"通经致用"，到后来竟自上书黎元洪、段祺瑞，主张在宪法上明定孔教为"国教"（章炳麟有《驳建立孔教议》，在《文录》卷二），并主张全国学校尊孔读经，而他自己却成为"复辟"的顽固派了。章炳麟说："学者将以实事求是，有用与否，固不暇计。"这个话是有一定的科学精神的。

批判地继承传统文化遗产，经书和历代经学著述，要算一个重要的方面。毛泽东同志说，"从孔夫子到孙中山我们应当给以总结，承继这一份珍贵的遗产"，"这对于指导当前的伟大运动，是有重要帮助的"（《中国共产党在民族战争中的地位》）。如果说"通经致用"，恐怕只能从这个意义上来进行探讨。经书和历代经学著述，作为历史资料，作为传统文化遗产，它对于我们有历史的认识作用，也有当前的借鉴作用，那是合乎实际的。我们应对它加以科学的整理，并用马列主义的方法对其进行分析、批判，从而为我所用，而食古不化，或者片面地强调"立竿见影"的"效益"，都不足取！

分　论

一、易

　　《易》——《周易》，相传是上古"三易"之一（"三易"见《周礼·春官·大卜》，一曰《连山》，二曰《归藏》，三曰《周易》）。郑玄说"周"是"《易》道周普，无所不备"的意思，孔颖达不取此说，认为"周取岐阳地名"，"《易纬》云'因代以题周'是也"（《周易正义序·第三论三代易名》）。"易"，据《易纬乾凿度》说："一名而含三义，所谓易也（此"易"指"简易"，见郑玄《易赞》及《易论》），变易也，不易也。"孔颖达取"变易"之义，云："夫易者，变化之总名，改换之殊称"（见《周易正义序·第一论易之三名》）。

　　现传的《周易》分为上、下经。六十四卦中，《乾》《坤》到《离》《坎》三十卦为上经；《咸》《恒》到《既济》《未济》三十四卦为下经。《周易正义序·第五论分上下二篇》曾讲了一些理由，颇为神秘。

卦是以阴（－－）、阳（—）二爻（即两种符号）组成。一卦本是三爻，阴爻阳爻相乘（$2 \times 2 \times 2$，即2的立方），共成八卦，乾☰、坤☷、离☲、坎☵、兑☱、巽☴、震☳、艮☶是也。八卦相重（8×8），遂成六十四卦。（关于重卦，可看《周礼·春官·大卜》的贾公彦疏。）三爻的卦是谁人画的，相传以为伏羲；重卦的人就有各种说法：王弼等以为伏羲，郑玄等以为神农，孙盛以为夏禹，司马迁等以为文王。这些传说，都只能供参考（见《周易正义序·第二论重卦之人》）。

六十四卦，每卦有《卦辞》；一卦六爻，每爻有《爻辞》。（阴爻称"六"，阳爻称"九"。每卦从下数上，第一爻为"初"，第六爻为"上"，其余为二、三、四、五。）《卦辞》《爻辞》为《周易》上、下经的正文。《卦辞》《爻辞》的作者，有说是周文王（史迁及郑学之徒），又有说文王作《卦辞》，周公作《爻辞》（马融、陆绩等）。这些都只能看作传说（见《周易正义序·第四论〈卦辞〉〈爻辞〉谁作》）。

《周易》文字，除《卦辞》《爻辞》以外，便是所谓"十翼"，《彖辞上》《彖辞下》《象辞上》《象辞下》《系辞上》《系辞下》《文言》《说卦》《序卦》《杂卦》。《彖》《象》今本皆依《卦》《爻》分入上、下经（是谁人分入的，说法不一，有说是郑玄分入的，《坤》以下《象》又分入各《爻》，据孔氏《正义》说是王弼所为）。《文言》只《乾》《坤》二卦才有，也分附二卦（据说也是郑玄分附。）"十翼"相传是孔子所作（《周易正义序·第六论夫子"十翼"》）。研究《周易》，"十翼"是最重要的材料。陈澧谓费直以"十翼"解经是千古治《易》之准的（《东塾读书记》卷四）。

《周易》的传授，可以看《史记》及《汉书》《后汉书》的《儒林传》。西汉传《易》的今文学家主要是施雠、孟喜、梁丘贺和京房等，古文学家则有费直。后汉、三国时代为《易》作注的有郑玄、荀爽、虞翻诸家，而王弼注另辟蹊径，在南北朝时，便只有郑玄、王弼两家盛行。实际上南朝从宋颜延之以后都尊奉王注，北朝郑、王并行，王注的势力也不小（参看王应麟《困学纪闻》卷一及余嘉锡《四库提要辨证》卷一）。到唐代修《五经正义》，《周易》采用王注（《系辞》以下无王注，即用韩康伯注），其他各家遂渐佚亡。唐李鼎祚《周易集解》还保留了不少王注以外的各家注（共三十五家），是了解唐以前《易》注的重要资料。

汉儒言《易》，专以象数、卦气，附会灾祥祸福，虽郑玄也不免。王弼始摆脱这些束缚。黄宗羲《易学象数论》云："王辅嗣注《易》，得意忘象，得象忘言（用王弼《易略例》语），日时岁月，五气相推，悉皆摈落。顾论者谓其以《老》《庄》解《易》。试读其注，简当而无浮气，何曾笼络玄言？故能远历于唐，发为《正义》，其廓清之功，不可泯也！"这是比较恰当的评论。宋儒大讲《易》图，使《易》又蒙上宗教神秘色彩。清儒反对《易》图，复从《周易集解》撷拾荀、虞碎义。《周易》如何研究，恐怕走王弼从哲理方面入手是条正路。不过，"《易》道深矣"（《汉书·艺文志》），研究起来，容易成为浮谈。梁代"《庄》《老》《周易》，总谓'三玄'"，元帝萧绎，酷爱讲授，颜之推说："吾时颇预末筵，亲承音旨，性既顽鲁，亦所不好云"（《颜氏家训·勉学篇》，《北齐书·文苑传》也说之推"虚谈非其所好"）。颜之推对待这种玄虚之学的态度，是值得我们思考的。

王应麟《困学纪闻》卷一说："程子谓学《易》先看王弼。"是宋儒也重视王注。今王注（包括韩注）单行本（可用《相台五经》本）附有《略例》（唐邢璹注），而注疏本（《十三经注疏》本包括王、韩注，陆德明《释文》，孔颖达《正义》）没有。读注疏本可不要忘记找《略例》一读，那是很重要的《周易》论文。

王注、孔疏以外，可以读李鼎祚《周易集解》（有《古经解汇函》本）。

宋儒《易》学著作，重要的在《通志堂经解》中；

清儒的则在《清经解》和《清经解续编》中。

二、书

《书》——《尚书》，据说，"以其上古之书，谓之《尚书》"（此伪孔安国《尚书序》说，孔颖达《正义》以此为伏生之义，并谓"尚"字伏生所加。《正义》又引马融说，略同伏义，王肃则以为"上所言，史所书"，郑玄据《尚书璇玑钤》，谓孔子加"尚"字，所以尊之）。《汉书·艺文志》认为《书》本是古代的号令，号令必须是"立具"的口语，听众才能知晓，所以要"解古今语"方能读懂它。

《尚书》的流传与现存的本子，情况很复杂。据传，孔子删定从唐、虞到秦穆（周末）的典、谟、训、诰、誓、命为一百篇。汉初已残阙不全，济南伏生（名胜），本秦博士，汉文帝时已九十余岁，传出二十八篇（《史》《汉》《儒林传》都说是"诏太常使掌故朝错往受之"，颜师古《汉书注》引卫宏《古文尚书序》说是伏生老"不能正言"，使其女"传言"教错），因为当时用通行隶书记录，所以叫作《今文尚书》。

景帝时，鲁恭王在孔子宅的壁中得到比《今文尚书》多十六篇的《古文（用古籀字书写）尚书》，武帝天汉中（前100—前97年，距书出时几近六十年），孔子后人孔安国始上于朝，遭巫蛊事（巫蛊事在征和元、二年，即前92、前91年），未得施行。

到东晋元帝时（317—322年，距孔壁初出时已四百余年），豫章内史枚（此据《经典释文序录》，《正义》引《晋书》作"梅"）赜，忽然奏上有孔安国作《传》的《古文尚书》，比伏生所传的二十八篇多：一、《大禹谟》，二、《五子之歌》，三、《胤征》，四、《仲虺之诰》，五、《汤诰》，六、《伊训》，七—九、《太甲》上中下三篇，十、《咸有一德》，十一—十三、《说命》上中下三篇，十四—十六、《泰誓》上中下三篇，十七、《武成》，十八、《旅獒》，十九、《微子之命》，二十、《蔡仲之命》，二十一、《周官》，二十二、《君陈》，二十三、《毕命》，二十四、《君牙》，二十五、《冏命》。共二十五篇。这个《古文尚书》所增多的二十五篇和孔安国的《传》，一直有人怀疑，但唐代的《经典释文》和《五经正义》都采用了这传本，于是沿习下来。清代阎若璩写《尚书古文疏证》，罗列一百二十八条证据（今传本《疏证》有阙文），断定二十五篇和孔《传》都出于晋人伪作，这就成为铁的定案。所以一般使用这个本子，对于伪作的二十五篇都称为"伪古文"，这个本子称为"伪孔本"，所谓孔安国的《传》也称为"伪孔《传》"。

现传的《尚书》除上列二十五篇为伪书外，还从《尧典》分出《舜典》（梁代姚方兴所得的《舜典》篇首二十八字，也是伪造，唐代《正义》本以后，这二十八字也加进去了），《皋陶谟》分出《益稷》，《盘庚》一篇分为三篇，《顾命》分出《康王之诰》，所以现传《尚书》为五十八篇。这五十八篇，计有《虞书》五篇，《夏书》四篇，《商书》十七篇，《周书》三十二篇。《虞书》《夏书》分为两部，也是造伪孔本者所为，汉儒传本都是叫《虞夏书》。

上面所叙述的《尚书》的真伪问题和今古文流传情况，是尽可能地求其简要。要进一步了解这个问题，必须细读阎若璩《尚书古文疏证》（有《清经解续编》本）；略知大要，则可参阅吴承仕《经典序录疏证》。

唐宋以后有关注解和研究《尚书》的著作，都依据的是伪孔本。宋人蔡沈《书集传》是影响较大的注解本（有江宁局、武昌局等处刻本）。

阎若璩《尚书古文疏证》出后，也有人为伪孔本翻案，如毛奇龄的《古文尚书冤词》，但清儒著作多是钩稽马、郑旧义，江声的《尚书集注音疏》、王鸣盛的《尚书后案》、段玉裁的《古文尚书撰异》、孙星衍的《尚书今古文注疏》为具有代表性的几部。他们的共同特点，都是排斥伪孔《传》，却因此出现了不少的问题。章炳麟说："今人知伪孔之非，为训说以更之者数家，猝然遇章句塞棘，终已不能利解；就解其一二语，首尾相次，竟不知说何事。此有以愈于伪孔乎？无有也！"（《汉学论下》）其实只要知道伪孔本、伪孔《传》是晋代人所作，晋人见到汉魏人的资料不少，在指出它是伪造的同时，何尝不可以利用它呢？焦循《尚书补疏叙》说："东晋晚出《尚书孔传》，至今日稍能读书者皆知其伪。虽然，其增多之二十五篇伪也，其《尧典》以下至《秦誓》二十八篇固不伪也。则试置伪作之二十五篇，而专论其不伪之二十八篇，且置其为假托之孔安国，而论其为魏晋间人之《传》，则未尝不与何晏、杜预、郭璞、范宁等先后同时，晏、预、璞、宁之《传》《注》可存而论，则此《传》亦何不可存而论？"陈澧极称此为"通人之论"（《东塾读书记》卷五）。王先谦据此为《尚书孔传参证》（长沙思贤讲舍本）。平心而论，不仅不伪之二十八篇其《传》不应一切排斥，即伪作之二十五篇，亦当有个正确的估价。王懋竑《白田草堂存稿·论〈尚书〉叙录》云："东晋所上之书，疑为王肃、束皙、皇甫谧辈所拟作。其时未经永嘉之乱，古书多在，采撷缀缉，无一字无所本。特其文气缓弱，又辞意不相连属，时事不相对值，有以识其非真。而古圣贤之格言大训，往往在焉，有断断不可以废者。"这也是比较通达的评论。

因此，现在读《尚书》仍然应该从伪孔《传》、陆氏《经典释文》、孔氏《正义》（即《十三经注疏》本）入手，但必须知道哪些是伪篇，这是起码的常识。

三、诗

《诗》——《毛诗》（四家诗今惟存《毛诗》，说见下），据《史记·孔子世家》载："古者《诗》三千余篇，及至孔子，去其重，取可施于礼义，上采契、后稷，中述殷、周之盛，至幽、厉之缺。始于衽席。故曰：《关雎》之乱，以为《风》始；《鹿鸣》为《小雅》始；《文王》为《大雅》始；《清庙》为《颂》始。三百五篇，孔子皆弦歌之，以求合《韶》《武》《雅》《颂》之音。"这里说孔子删《诗》，又编定《风》《小雅》《大雅》《颂》的分类、篇什次序，而删《诗》和编《诗》的标准，则是以礼义核其内容，以弦歌考其音律。这些说法，都有不同的意见，但这是史籍最早的记载。

现传《毛诗》正分《风》《小雅》《大雅》《颂》四个部分，它的编次，当即《史记》所说由孔子纂定的。

《风》，有十五《国风》：《周南》十一篇，《召南》十四篇，《邶风》十九篇，《鄘风》十篇，《卫风》十篇，《王风》十篇，《郑风》二十一篇，《齐风》十一篇，《魏风》七篇,《唐风》十二篇,《秦风》十篇,《陈风》十篇,《郐风》四篇,《曹风》四篇,《豳风》七篇。共一百六十篇。《毛诗序》(即《关雎序》,或称《诗大序》)说:"风,讽也"("讽"字据《释文》引崔灵恩《集注》本订。孔氏《正义》云: "风训讽也。"是其本亦作"讽"。今本作"风",非是)。讽即讽诵,口头吟咏,不一定用乐器伴奏,这是民歌的特色,也是"风"的音乐特征。

《雅》分《小雅》《大雅》,它的组织一般是以十篇为一什。(《小雅》的最后《鱼藻之什》为十四篇,《大雅》的最后《荡之什》为十一篇。)计《小雅》七什:《鹿鸣》《南有嘉鱼》《鸿雁》《节南山》《谷风》《甫田》《鱼藻》,共七十四篇。《大雅》三什:《文王》《生民》《荡》,共三十一篇。《雅》诗总共一百零五篇(《小雅》里有"有义无词"的《南陔》《白华》《华黍》《由庚》《崇丘》《由仪》六篇,未计入)。《毛诗序》说:"雅者,正也。"正指正声,也是音乐上的概念。郑玄《小大雅谱》说:"《小雅》《大雅》者,周室居西都丰镐之时诗也"(郑玄《诗谱》全书已亡,今其序及各谱说,尚有孔氏《正义》所采用者在)。周中央王朝国都所在地的声腔,所以称为"正"。其实"雅"(今字作鸦)即是"乌",李斯说的"歌呼乌乌快耳"的"秦之声"(见

《史记·李斯传》），便是"雅"这种声腔的准确解释，周的西都丰镐即在秦地（说见章炳麟《文始》卷五）。大、小《雅》的区别，在于使用这些声腔的等级及其场合，郑玄《小大雅谱》说："其用于乐，国君以《小雅》，天子以《大雅》，然而飨宾或上取，燕或下就。"当时的制度，究竟是怎样的呢？郑玄说："此其著略，大校见在书籍，礼乐崩坏，不可得详。"只要知道它的区别，不一定是什么"政有小大"（《毛诗序》语），也就可以了。

《颂》包括《周颂》《鲁颂》和《商颂》，计《周颂》三十一篇，《鲁颂》四篇，《商颂》五篇。总共四十篇。"颂"的含义，阮元的《释颂》解释得最清楚。"颂"本是"容貌"的"容"字（《说文·页部》："颂，皃也。从页，公声。"籀文作"䫌"）。《毛诗序》说："颂者，美盛德之形容，以其成功告于神明者也。"阮元说："颂之训为美盛德者，余义也；颂之训为形容者，本义也。""三颂各章，皆是舞容，故称为颂，若元以后戏曲，歌者、舞者与乐器全动作也"（见《揅经室一集》卷一）。"美盛德之形容，以其成功告于神明"，即是在祀神的时候用配乐的舞蹈这一艺术形式（像歌剧，也即戏曲的最早形式）再现军事、政治、生产的胜利场面。它的歌词就叫作"颂"，"颂"的特征就是它的音乐是配合舞容的。

《诗》的编次，大致可以作这样的说明。有人说，《风》是抒情诗，《雅》是记事诗，《颂》是神的赞歌。这种说法，恐非编《诗》者的原意，也概括得不准确。

《毛诗序》说："故诗有六义焉：一曰风，二曰赋，三曰比，四曰兴，五曰雅，六曰颂。""六义"，《周礼·春官·大师》谓之"六诗"。郑玄注以"铺陈"解释"赋"，以"比类"解释"比"，以"喻劝"解释"兴"。至于"六义"的次第作如此安排，孔颖达的《毛诗正义》讲得很清楚，他说："风之所用，以赋、比、兴为之辞，故于风之下即次赋、比、兴。然后次以雅、颂，雅、颂亦以赋、比、兴为之。既见赋、比、兴于风之下，明雅、颂亦同之。"又说："风、雅、颂者，诗篇之异体；赋、比、兴者，诗文之异辞耳。大小不同，而得并为六义者，赋、比、兴是诗之所用，风、雅、颂是诗之成形，用彼三事，成此三事，是故同称为义，非别有篇卷也。"关于诗的"六义"，这样解释，是较为合理的。

《诗》因为"讽诵不独在竹帛"，所以"遭秦而全"（《汉书·艺文志》）。在汉代，传者四家：鲁人申培公为训诂，号为《鲁诗》；齐人辕固生作传，号为《齐诗》；燕人韩婴作内、外传，号为《韩诗》（《汉书·儒林传》及《经典释文序录》）。《鲁》《齐》《韩》三家是今文学派。鲁人大毛公（亨）作《诂训传》，河间献王得之，立小毛公（赵人毛苌）为博士，是为《毛诗》（《诗谱》及陆玑《毛诗草木鸟兽虫鱼疏》）。《毛诗》是古文学派。后汉郑玄作《诗笺》，"宗毛为主"（《六艺论》），于是《毛诗》盛行南北（《北史·儒林传序》）。"《齐诗》久亡（《隋书·经籍志》谓魏代已亡），《鲁诗》不过江东，《韩诗》虽在，人无传者"（《经典释文序录》）。唐时《韩诗内传》又亡，今惟存《外传》。

魏、晋讫六朝人的《毛诗》著述，多采入《经典释文》及《毛诗正义》中。宋人颇多异说，朱熹的《诗集传）是宋人研究《毛诗》的代表作（《四部丛刊三编》影宋二十卷本最好）。清人宗尚毛、郑，胡承珙的《毛诗后笺》、马瑞辰的《毛诗传笺通释》是两部重要的著作（皆有《清经解续编》本）；陈奂的《毛诗传疏》（《清经解续编》本）宗毛排郑，稍为颛固。

《鲁》《齐》《韩》三家诗的遗说，清儒也进行搜采。陈乔枞的《鲁诗遗说考》《齐诗遗说考》《韩诗遗说考》（皆在《清经解续编》中），收罗得较为完备，但有不少附会。王先谦曾综合清儒的著述，作有《诗三家义集疏》（长沙虚受堂刻本）。

《诗》究竟应该如何进行研究，正有待于实事求是地作科学探讨。探讨和争鸣的有志之士，必须具备起码的基础知识。郑振铎的《关于〈诗经〉研究的重要书籍介绍》（收录在 1957 年作家出版社本《中国文学研究》第一卷中），可以参考。

四、礼

"礼"在古代的训诂中，有"履""体"的含义（见《说文·示部》《尔雅·释言》《广雅·释言》、《释名·释典艺》等），它的实践的概念是明白的（"履"，指履践、履行，"体"指体验、体会）。儒家重视"礼"，孔子说："导之以政，齐之以刑，民免而无耻；导之以德，齐之以礼，有耻且格"（《论语·为政》）。讲求"儒效"的荀子，提出"隆《礼》义而杀《诗》《书》"（《荀子·儒效》）。他说："人生而有欲；欲而不得，则不能无求；求而无度量分界，则不能不争；争则乱；乱则穷。先王恶其乱也，故制礼义以分之，以养人之欲，给人之求，使欲必不穷乎物，物不必屈于欲。两者相持而长，是礼之所起也"（《礼论》）。由此可见，儒家学派不仅把"礼"当作道德范畴，而且也把它当作政治范畴了。

现传的儒家经典有《周礼》《仪礼》《礼记》三部，号称"三礼"。"三礼"不仅反映了汉以前的制度、风俗、仪节、礼貌，而且也记录了儒家各派对于这些方面的设想。以下对于"三礼"作简单的介绍。

（一）《周礼》

《周礼》——旧称《周官》（《史记·封禅书》《汉书·礼乐志》《河间献王传》）或《周官经》（《汉书·艺文志》），刘歆始以为《周礼》（《汉纪·成帝纪》）。据说，汉武帝"除挟书之律，开献书之路"以后，"既出于山岩屋壁，复入于秘府"。汉成帝时，刘向、刘歆"校理秘书，始得列序"。"然亡其《冬官》一篇，以《考工记》足之"（贾公彦《周礼疏·序周礼废兴》引马融《周礼传序》）。

《周礼》分六官：一曰《天官冢宰》，"掌邦治"；二曰《地官司徒》，"掌邦教"；三曰《春官宗伯》，"掌邦礼"；四曰《夏官司马》，"掌邦政"；五曰《秋官司寇》，"掌邦禁"；六曰《冬官司空》，因为亡佚了，所以用《考工记》补充，《考工记》的开头说"国有六职，百工与居一焉"，《冬官司空》便是管"工"的。《周礼》全书的组织，是很周密的。

《天官大宰》"以八法治官府"，一、"官属"，二、"官职"，三、"官联"，四、"官常"，五、"官成"，六、"官法"，七、"官刑"，八、"官计"。《周礼》对于各官的记叙，便是根据的这八项。孙诒让的《周礼正义略例》说："古经五篇，文繁事富，而要以《大宰》'八法'为纲领。众职分陈，区畛靡越。其'官属'一科，叙官备矣。至于司存攸寄，悉为'官职'。总揭大纲，则曰'官法'（若《大宰》'六典''八则'之类）。详举庶务，则曰'官常'（若《大宰》'正月之吉始和，布治于邦国都鄙'以下，至职末，皆是也）。而'官计''官成''官刑'，亦错见焉（若《大宰》职末'受会'，则'官成'也；'大计群吏'，则'官计'也；'诏王废置''诛赏'，则'官刑'也）。六者自'官职''官常'外，余虽或此有彼无，详略互见，而大都分系当职，不必旁稽。唯'官联'条绪纷繁，脉络隐互，散见百职，钩核为难。今略为甄释，虽复疏阙孔多，或亦稽古论治之资乎？"孙氏这条《略例》，可以说是抓住了阅读《周礼》的纲。对于复杂的"官联"，他也提供了详尽的资料。

《周礼》在东汉时始有人作注释，据贾氏《序周礼废兴》引郑玄《周礼序》及《释文序录》所载，有杜子春、郑兴（少赣）、郑众（仲师）、卫次仲、贾逵（景伯）、马融（季长）诸人。郑玄注博采诸家，引杜子春及二郑（兴，称郑大夫；众，称郑司农）注的很多，也引了贾逵一条（没有引马融，孙诒让以为汉人重家法，凡述师说，不复别白）。在校勘上也比较了"故书""今书"。郑注群经中《周礼注》颇类后代的"集解"，但有严格的断制。

汉儒今古学派在《周礼》的问题上争执很厉害。贾氏《序周礼废兴》云："林（或作临，字通）孝存（即临硕）以为武帝知《周官》末世渎乱不验之书，故作十论、七难以排弃。何休亦以为六国阴谋之书。唯有郑玄，遍览群经，知《周礼》者乃周公致太平之迹，故能答林硕之难，义得旁通。"郑玄对于《周礼》用力很深，自然有感情，因此他站在古文学派的立场，驳斥了林、何的今文学派说法，而且承用了刘歆的旧义（"周公致太平之迹"是刘歆之说，见《序周礼废兴》引马融《传》）。魏、晋以后，南北礼学，"同宗于郑氏"（《北史·儒林传序》）。唐人义疏，更崇郑学。然而中唐宋元诸儒对于《周礼》仍是聚讼纷纭。清代学者汪中的《周官徵文》（《述学·内篇》卷二），是一篇很有影响的论文，他列举六证说明《周官》是周公所定。认为"以其晚出而疑之，斯不学之过"。陈澧推阐汪说，又以为"《周礼》是周室典制，但无以见其必为周公所作耳"（《东塾读书记》卷七）。平心而论，用"渎乱"、"阴谋"等语抹杀《周礼》，是不公道的。一定要认为它是周公所作，也太武断。"其为先秦古书，似无可疑"（《直斋书录解题》卷二）的说法，比较客观。这部书，有些地方可能反映了周制，但恐怕大部分是儒家某一学派对于国家管理制度的设想，如果是"致太平之迹"，那不过是一种愿望而已。作为一种政治学说、法制思想的历史资料，《周礼》的价值是很高的。孙诒让说："此经上承百王，集其善而革其弊。""榷其大较，要不越政、教二科"（《周礼正义序》）。这种议论，是值得注意的。

《周礼》中的《考工记》还值得特别提一提。贾《疏》在《冬官·考工记》的题下引郑玄《三礼目录》说："象冬所立官也。是官名司空者，冬藏闭万物，天子立司空使掌邦事，亦所以富立家，使民无空者也。司空之篇亡，汉兴购千金不得，此前世识其事者，记录以备大数，古《周礼》六篇毕矣。"陈澧说："《考工记》实可补经，何必割裂五官乎？作记者以一人而尽谙众工之事，此人甚奇特。且所记皆有用之物，不可卑视之。惟其卑视工事，一任贱工为之，以致中国之物，不如外国，此所关者甚大也，今时乃颇悟之矣"（《东塾读书记》卷七）。清儒讲求徵实之学，所以特别重视《考工记》，这是中国古代科技史料的一部重要著作。

六朝人的《周礼》著述不多，唐代贾公彦的《周礼疏》"盖据沈重《义疏》重修，在唐人经疏中，尚为简当"（孙诒让《周礼正义略例》）。清儒崇尚徵实之学，而在《周礼》研究中的集大成者则是孙诒让的《周礼正义》。这部书不仅是清儒所谓的"新疏"中的最好一部，而且在整理古籍的成就中也属罕见的大著。

（二）《仪礼》

《仪礼》——本是《礼经》（《汉书·艺文志》、又《河间献王传》颜师古注），一称《士礼》（《史记·儒林传》《汉书·艺文志》，黄以周《礼书通故》卷一谓大戴本全书先列《士礼》九篇，因有此名）；今称《仪礼》，则始见于晋荀崧《上疏请增置博士》（《宋书·礼志》，参看《全晋文》卷三十一），六朝以后，都用此名。今本十七篇，是汉初高堂生所传（《史》《汉》《儒林传》及《汉志》），汉宣帝时后苍为作《曲台记》（《汉志》及《儒林传》），苍传梁人戴德延君，及德兄子圣次君，号为大、小戴，又有沛人庆普孝公，由是《礼》有大戴、小戴、庆氏之学（《汉书·儒林传》）。他们所传的本子都是今文（隶书）；鲁淹中里、孔子壁中及河间献王所献的《礼经》，则为古文（籀篆），古文除与十七篇文同而字异外，还有多出的《逸礼》三十九篇（《汉志》《河间献王传》及《六艺论》）。郑玄注采用了十七篇的本子，参校今、古文，正文从今文者注出古文，从古文者注出今文，还参校了"或本"，校勘工作是作得很细致的（参看向宗鲁先生《校雠学·宗郑》)。

《周礼·春官·宗伯》"掌邦礼",郑玄注:"礼,谓《曲礼》五:吉、凶、宾、军、嘉。"孙诒让《正义》谓《曲礼》即指《仪礼》,郑氏《目录》(郑玄《三礼目录》虽亡,但孔、贾《疏》引用颇具)于《仪礼》每篇并云,于五礼属某礼(如《士冠礼》篇题下引《目录》云:"于五礼属嘉礼"),即所谓《曲礼》五也。《困学纪闻》卷五引《三礼义宗》(崔灵恩作)云:"《仪礼》十七篇,吉礼三,凶礼四,宾礼三,嘉礼七,军礼皆亡。"

《仪礼》十七篇的次序,大戴、小戴和刘向《别录》,三家不同。郑玄注本是按刘向《别录》的次序安排的,《目录》把大戴、小戴的次序异同全部标出。贾《疏》、胡培翚《正义》的卷首、《四库提要》卷二十对各本次序都作了综合的叙述,可以参看。

《仪礼》所记都是行礼的细节,《抱朴子·外篇·省烦》即曾指出:"冠、婚、饮、射,何烦碎之甚邪!"又说:"往者天下乂安,四方无事,好古官长,时或修之。执卷从事,案文举动,黜谪之罚,又在其间,犹有过误,不得其意。而欲以此为(旧有衍文,今删去)生民之常事,至难行也。"韩愈《读〈仪礼〉》也说:"其行于今者盖寡。"如果要把书中所列细节付诸实行,那是不可以,也不可能的。但是它所反映的古代宫室、服食、器用等等形貌，等级、亲疏、揖拜种种差别，作为社会学、民俗学的历史资料去进行探索，似乎还不能说没有意义。

陈澧说："《仪礼》难读，昔人读之之法，略有数端：一曰分节，二曰绘图，三曰释例"（《东塾读书记》卷八）。郑《注》、贾《疏》，便已注意"分节"，吴廷华的，《仪礼章句》（《清经解》本）、张尔岐的《仪礼句读》（江宁局本），也属于这一类书。杨复和张惠言的《仪礼图》（杨书在《通志堂经解》中，张书在《清经解续编》中），都属于"绘图"，张书更为详密。合"三礼"为图的则聂崇义的《三礼图》（《通志堂经解》本、《四部丛刊三编》本）为最有影响；黄以周《礼书通故》中的图（在卷四十八、四十九），是三礼图的最好者。《仪礼》的《记》，已有些凡例，郑注发凡有数十条。但是，清人江永的《仪礼释例》（在《清经解续编》中）、凌廷堪的《礼经释例》（在《清经解》中），特别是凌书，对于"释例"作了很有条理的工作。

《仪礼》十七篇中，有十三篇后面都附《记》；《丧服》还有《传》（《传》分在每节下，署名"子夏"）。汉儒对它作注的却不多，郑玄以前只有后苍的《曲台记》（说见《东塾读书记》卷八）。郑注"于礼特明，皆有证据"（荀崧语，见前）。唐人贾公彦的《疏》，据说是删齐黄庆、隋李孟悊的两种《疏义》而成的（晁公武《郡

斋读书记》衢州本卷二）。宋儒朱熹的《仪礼经传通解》
合《仪礼》《礼记》诸书另行编纂，其中订正旧疏错误，
有可取之处，若说这样的书"纯是汉唐注疏之学"，"近
儒之经学考订，正是朱子家法"（《东塾读书记》卷八），
那就不免有些不实在了。清儒治《仪礼》的人颇多，但
胡培翚的《仪礼正义》（有五篇为其弟子杨大堉补辑），
比起孙诒让的《周礼正义》，就远远不及了。

（三）《礼记》

《礼记》——是一种关于"礼"的资料汇编，其中
有关于《周礼》《仪礼》的研究论文，关于"礼""乐"
的通论，也包括一些零散的"逸礼"。现传的《礼记》
有戴德（延君）的《大戴记》和戴圣（次君）的《小戴
记》两种。《大戴记》本八十五篇，现只存三十九篇；
《小戴记》四十九篇。郑玄为《小戴记》作注，唐人作
《正义》便采用了《小戴记》，所以后来所说的"三礼"
中的《礼记》，《十三经注疏》中的《礼记》，都指《小
戴记》。

两戴《礼记》所采用的材料来源，吴承仕的《经典
释文序录疏证》，曾总结为九项：一、礼家之记（如《汉
志》所著录的七十子后学所记的《记》百三十一篇及

《明堂阴阳》三十三篇、《王史氏》二十一篇等）；二、乐家之《乐记》；三、《论语》家之《孔子三朝记》；四、《尚书》家之《周书》；五，九流之儒家；六、九流之道家；七、九流之杂家；八、近代之作；九、逸礼。第三、四、六这三项，只有《大戴记》中才有，所以《小戴记》的材料来源凡有六项，而儒家的著作为多。

《经典释文序录》引晋陈邵的《周礼论序》认为大戴删古《记》，小戴又删《大戴记》，这种说法是无稽之谈，清儒戴震、钱大昕、臧镛堂、陈寿祺、吴文起、黄以周等都进行了驳正。现存的《大戴记》还有不少与《小戴记》内容相同的，完全可以证明大、小戴是各自成书，没有谁删谁的问题（参看《经典释文序录疏证》）。

两戴《记》是对《礼》的研究的材料汇编，内容十分庞杂。特别是有些制度问题，出现的矛盾很多。郑玄注遇到说不通的地方，往往解释为夏、殷、周异制。直到廖平作《今古学考》，始用今文、古文学派不同的理论去解释两戴《记》中的矛盾问题。《今古学考》卷上的《两戴记今古分篇目表》，把《小戴记》的《王制》、《大戴记》的《千乘》等十五篇列为"今"，《小戴记》的《玉藻》、《大戴记》的《盛德》等四十一篇列为"古"；《小戴记》的《文王世子》、《大戴记》的《本命》等五篇列为"今古杂"；《小戴记》的《大学》、《大戴记》的

《武王践阼》等二十五篇列为"今古同"。他的排列，虽不都是准确的，但却为两戴《记》的研究找到了前人未曾发见的新路子。《今古学考》卷下的《经话》说：

> 郑君注《礼记》，凡遇参差，皆以为殷周异制。……郑不以为今古派者，盖两汉经师已不识《王制》为今学之祖。……但知与《周礼》不合。

又说：

> 今古经本不同，人知者多；至于学官皆今学，民间皆古学，则知者鲜矣。……知今学同祖《王制》，万变不离其宗；戴《礼》今古杂有，非一家之说。……古学主《周礼》，隐与今学为敌。……西汉大儒，均不识此义矣；何论许（慎）、郑乎？

又说：

> 《易》《书》《诗》《春秋》《仪礼》《周礼》《孝经》《论语》，今古之分，古人有成说矣。唯戴《记》两书中诸篇，自有今古，则无人能分别其说。盖戴《记》所传八十余篇，皆汉初求书，官私所得。

有先师经说，有子史杂抄，最为驳杂。其采自今学者，则为今学家言；采自古学者，则为古学家言。……今古所以混淆之始。……今之分别今古，得力尤在将戴《礼》中各篇，今古不同者，归还本家。戴《记》今古定，群经之今古无不定矣。

廖氏这些议论，对我们研究《礼记》，是很有启发的。

后汉经师马融（季长）始注《小戴礼记》，卢植（子干）从马融学，又为之《解诂》，郑玄与卢植同学，即用马、卢之本，复为作《注》（见《后汉书·卢植传》；又元行冲《释疑》，载在《旧唐书》本传及《全唐文》卷二百七十二）。晋宋以后，郑《注》流行，传《礼记》者，南朝盛于北朝。孔颖达纂修《礼记正义》时，见于世者，有南朝皇侃、北朝熊安生的著述。孔氏《正义》"据皇氏以为本，其有不备，以熊氏补焉"（见《礼记正义序》）。今日本犹存皇侃《礼记子本疏义》的残卷子本，为第五十九卷《丧服小记》。因为书中有"灼案""灼谓"等语，又名"子本"，所以岛田翰以为侃弟子郑灼所上（见《古文旧书考》卷一，残卷全文即载入此书）。孙诒让亦同意此说（《礼记子本疏义残本跋》，见《籀顾述林》卷六）。这个残卷的存在，可以了解孔氏

《正义》的因革。宋儒卫湜的《礼记集说》、元儒陈澔的《礼记集说》（有《通志堂经解》本，陈书并有《补正》），都是因袭郑、孔之说。清代治《礼记》的学者不少，但如朱彬的《礼记训纂》（《四部备要》本）、孙希旦的《礼记集解》（《万有文库》本），都是无法与孔氏《正义》比拟的。

《大戴礼记》现存有卢辩注（《四部丛刊》本），清儒治此书者，以孔广森的《大戴礼记补注》（《畿辅丛书》本附王树柟《校正》）、汪照的《大戴礼注补》（《清经解续编》本）、王聘珍的《大戴礼记解诂》（《广雅丛书》本）、孙诒让的《大戴礼记斠补》（甲寅石印本）为较好。

《小戴记》的《月令》，《大戴记》的《夏小正》，是有关古代农业科学的著作。《月令》，汉代蔡邕已作《章句》（辑本甚多，可以参看向宗鲁先生《月令章句疏证叙录》）；《夏小正》则清代洪震煊《疏义》（《清经解》）可以一读。

五、春秋

《春秋》是鲁史记之名。《孟子·离娄下》："王者之迹熄而《诗》亡，《诗》亡然后《春秋》作，晋之

《乘》、楚之《梼杌》、鲁之《春秋》，一也。其事则齐桓、晋文，其文则史，孔子曰：'其义则丘窃取之矣。'"这是说《春秋》缘起及其名称的最早，也是最重要的材料。

《春秋》的名称，据《孟子》说，晋叫《乘》，楚叫《梼杌》，其实晋、楚也同样可以叫作《春秋》，《国语·晋语七》："羊舌肸习于《春秋》"。又《楚语上》："教之《春秋》，而为之耸善而抑恶焉。"岂但晋、楚，其他各国亦然，《墨子·明鬼下》引"燕之《春秋》""宋之《春秋》""齐之《春秋》""周之《春秋》"，而且还提到"百国《春秋》"（此《墨子》佚文，见《隋书·李德林传》及《史通·内篇·六家》）。可以知道，《春秋》是当时史书的通称。所以名为"春秋"者，因为它是"以事系日，以日系月，以月系时，以时系年"的编年体史书，"年有四时，故错举以为所记之名也"（杜预《春秋序》）。

现传的《春秋》是孔子用鲁史作底本，又参校百国《春秋》而加以修订的。孔子修《春秋》是今古学派所公认的。《公羊·庄七年传》曾引"不修《春秋》"，《左氏·成十四年传》说："非圣人孰能修之。"《公羊传》代表今文学派，《左氏传》代表古文学派，都承认孔子修《春秋》。后来的一些捕风捉影的怪说，是够不上称什么

"学派"的。

现存的《春秋传》有《左氏》《公羊》《穀梁》，号为"《春秋》三传"。《左氏》为古文学派，《公》《穀》为今文学派。兹将"三传"分别叙述如下。

（一）《春秋左氏传》

《春秋左氏传》——省称《左传》，或称《左氏春秋》。《史记·十二诸侯年表序》说："孔子明王道，干七十余君，莫能用，故西观周室，论史记旧闻，兴于鲁，而次《春秋》，上记隐，下至哀之获麟，约其辞文，去其烦重，以制义法。王道备，人事浃。七十子之徒，口受其传指。为有所刺讥褒讳挹损之文辞，不可以书见也。鲁君子左丘明，惧弟子人人异端，各安其意，失其真，故因孔于史记，具论其语，成《左氏春秋》。"这是对《左传》缘起的最早说明。

左丘明，《汉书·艺文志》说是"鲁太史"，而且说他与孔子同观鲁国的史记，关于左丘明与孔子合作修《春秋》，今文学派也是承认的。孔颖达《春秋序疏》引沈文阿说："《严氏春秋》引《观周篇》云：'孔子将修《春秋》，与左丘明乘如周，观书于周史，归而修《春秋》之《经》，丘明为之《传》，共为表里。'"《严氏春秋》的作者严彭祖（公子），是董仲舒的三传弟子（《汉书·儒林传》《六艺论》及《经典释文序录》）。所引的《观周篇》，当是汉以前或汉初的典籍。今文学派的严彭祖引用它，可以看出这派学者的态度。桓谭《新论》说"《左氏传》于《经》，犹衣之表里，相待而成。《经》而无《传》，使圣人闭门思之十年，不能知也"（严辑本入《正经》，见《全后汉文》卷十四）。这就是《左氏传》与《春秋经》关系的非常明确的说明。

《春秋》记鲁隐公元年到鲁哀公十四年（即周平王四十九年到敬王三十九年，公元前 722 —前 481 年）凡鲁国十二公、二百四十二年中的事。十二公为隐（前 722—前 712 年）、桓（前 711—前 694 年）、庄（前 693—前 662 年）、闵（前 661—前 660 年）、僖（前 659—前 627 年）、文（前 626—前 609 年）、宣（前 608—前 591 年）、成（前 590—前 573 年）、襄（前 572—前 542 年）、昭（前 541—前 510 年）、定（前 509—前 495 年）、哀（前 494—前 481 年，即十四年）。孔子只修到哀公十四年，当时他七十一岁，到七十三岁、哀公十六年（前 479 年）他便死去。《左传》所记之事却延长到哀公二十七年（周定王元年，即公元前 468 年）。从哀公十五年到二十七年，凡十三年，皆左丘明所续。哀公二十七年的《传》，还提到"悼之四年"的事，鲁悼公四年（周定王六年，即前463年），去哀公二十七年已经五年。《左传》举悼公的谥号，则作者写此事当在悼公死后，悼公死于周考王十二年（前429年）；悼公死后四年赵襄子卒（前425年），《传》亦称其谥。章炳麟的《春秋左氏疑义答问》卷一，曾假定《左传》作者左丘明与孔子弟子卜商（子夏）同年。卜商比孔子小四十四岁，孔子卒时卜商二十九岁。左丘明如果也是这样的年龄，那么，假如他在赵襄子卒年稍后死去，则至少当为八十三岁（约前508—前425年）。章炳麟并认为《经》文"鲁哀公"的标题，也是出于左丘明之手，因为孔子死时哀公犹在，不得称其谥号。这样的推测，是可以参考的（年代据《史记·十二诸侯年表》及《六国年表》）。

《左传》的传授者，据说有吴起、荀卿、张苍、贾谊诸人（《春秋序疏》引《别录》及《汉书·儒林传》《经典释文序录》）。而刘向及其子歆，推尊《左氏》，歆在汉哀帝时并移书太常博士论此事（《汉书·楚元王交传》附歆事，《移书让太常博士》又见《文选》卷四十三）。后汉传此书者以贾逵为最有名，逵在章帝建初元年（公元76年）曾条上《左氏传》大义长于《公》《穀》二传者（《后汉书·贾逵传》）。郑玄欲注《左传》未成，尽以付服虔（《世说新语·文学》）。然服不注《经》，故杜预《春秋序》但举刘歆（子骏）、贾逵（景伯）父子

（逵父徽字元伯，见《逵传》）、许淑（惠卿），颍容（子严）诸家（许淑见《续汉书·律历志》及《后汉书·范升传》，颍容见《儒林传》）。杜预（元凯）之注，集众家之说，故名《春秋经传集解》（此用俞正燮《癸巳类稿》卷五《春秋左传书式考》说）。其书认为"《经》之条贯必出于《传》，《传》之义例总归诸凡，推变例以正褒贬，简二《传》以去异端"（以上用杜《序》中语），"实非刘、贾、许、颍所逮"（章炳麟《左氏春秋疑义答问》卷一，又《太炎文录续编》卷一《汉学论下》亦有同样议论）。又集《春秋》诸例及《土地名》《世族谱》《长历》等为《春秋释例》（有《四库全书》辑《永乐大典》本），与《集解》并行。《集解》成后，又值汲冢文物出土，还写了一篇以地下文物证《左传》的《后序》（此《后序》阮刻《十三经注疏》本据宋本《正义》、淳熙经注本、万历监本载在《校勘记》中；《四部丛刊》本据明依阮仲猷刊本补；《经义考》卷一百七十三、《全晋文》卷四十三亦有之，皆未注明出处）。唐修《正义》，即用杜注（《释文》同）。《正义》以刘炫《义疏》为本，又参用了沈文阿（或作何，误）的《义疏》。中唐以后及宋、明诸儒多舍《传》求《经》，恣意立说。清儒又往往偏崇贾服旧注，如洪亮吉《春秋左传诂》（《清经解续编》本）、刘文淇《春秋左传旧注疏证》（其孙寿曾续补，止于襄公五年，未成，科学出版社辑印稿本），都没有超过杜《注》孔《疏》。

读《左传》（有时也包括《公》《穀》二传），要充分利用前人编辑的类乎工具书的著作。如宋人冯继先的《春秋名号归一图》（载在《相台五经》本前），又《春秋二十国年表》（不知作者，《相台》本及《四部丛刊》本前皆载之）及清人顾栋高的《春秋大事表》（《清经解续编》本），都是极有用的书。姚彦渠的《春秋会要》（中华书局排印本）也可参考。至于马骕的《左传事纬》、高士奇的《左传纪事本末》（皆只有木刻本），则对于《左传》的史实的排比，很有帮助翻检的作用。

（二）《春秋公羊传》

《春秋公羊传》——省称《公羊传》，《汉书·艺文志》以为"末世口说流行"之作。《释文序录》引桓谭《新论》云："《左氏传》遭战国寝藏，后百余年鲁人穀梁赤作《春秋》，残略多有遗文，又有齐人公羊高缘《经》文作《传》，弥失本事"（严辑本入《正经》，见《全后汉文》卷十四）。似《公羊》之作更在《穀梁》之后。（徐彦《何休序疏》引戴宏《序》谓公羊高五传至胡毋子都始著于竹帛）。然而《春秋说题辞》云："传我

（指孔子）者公羊高也。"戴宏《序》亦云："子夏传与公羊高。"（皆见徐彦《何休序疏》引）陈振孙《直斋书录解题》（聚珍本卷三）指出，"公羊善谶"，"言谶文者多宗之"，这些都是"傅会之言"。

《公羊》家认为《春秋》"本据乱而作，其中多非常异义可怪之论"（何休《序》）。所谓"《春秋》属商"（徐彦《公羊题下疏》引《考经说》）；所谓"孔子受端门之命，制《春秋》之义，使子夏等十四人求周史记，得百二十国宝书，九月《经》立"（徐《疏》引闵因《序》及《感精符》《考异邮》《说题辞》）；都是为公羊高传于夏（卜商）之学制造依据的。又有所谓"作《春秋》以改乱制"，"为汉帝制法"（徐《疏》引《春秋说》），则是以《公羊》家说适应当时政治的需要。至于所谓"三科九旨""五始""七等""六辅""二类""七缺"的说法，则是注《公羊》学的一些基本理论，据徐《疏》引何休《文谥例》说，"三科九旨者，新周，故宋，以《春秋》当新王，此一科三旨也"；"所见异辞，所闻异辞，所传闻异辞，二科六旨也"；"内其国而外诸夏，内诸夏而外夷狄，是三科九旨也"（徐《疏》引《春秋说》宋氏注谓"三科"为"张三世""存三统""异内外"；"九旨"为"时""月""日""王""天王""天子""讥""贬""绝"。徐云："宋氏又有此说，贤者择之")。"五始者，元年，春，王，正月，公即位是也"。
"七等者，州，国，氏，人，名，字，子是也"。"六辅
者，公辅天子，卿辅公，大夫辅卿，士辅大夫，京师辅
君，诸夏辅京师是也"。"二类者，人事与灾异是也"。
"七缺者"，"夫之道缺"，"妇之道缺"，"君之道缺"，
"臣之道缺"，"父之道缺"，"子之道缺"，"周公之礼
缺"，"是为七缺也矣"（徐《疏》释七缺，未出《文谥
例》之名，盖蒙上文而省）。举这些例子，可以见《公
羊》家的"非常异义可怪之论"的一斑了。

西汉时代治《春秋公羊》的大师以董仲舒为最有名，
他著的《春秋繁露》（有苏舆《义证》），是把《公羊》
家学说与作为统治思想的儒家学说纠结在一起发挥的，
研究《公羊传》必须读一读《春秋繁露》。西汉时传
《公羊》者有严（彭祖）、颜（安乐）二家。东汉时何休
的《公羊传解诂》是集《公羊》学说大成的著述。王国
维认为他所用的《公羊传》的本子也是综合严、颜两家
而参订的（《观堂集林》卷四《书〈春秋公羊传解诂〉
后》）。魏、晋以后传《公羊》者不多，现在流传的《公
羊疏》，其作者徐彦，吴承仕以为是唐以前人（《经典释
文序录疏证》；《四库提要》卷二十六从董逌《广川藏书
志》说，谓其时代在贞元、长庆以后，不确）。清儒崇尚
汉学，于是《公羊》也得到重视。刘逢禄的《公羊何氏

释例》（《清经解》本）、凌曙的《公羊礼疏》《春秋繁露注》（并《续经解》本）、包慎言的《春秋公羊传历谱》（《续经解》本）等都是重要的著述，而陈立的《公羊义疏》，搜采最为丰富，在清人所作的"新疏"中，也是较好的一部（同时他还作《白虎通义疏证》，为研究《公羊》的重要参考书；两书并有《续经解》本）。

（三）《春秋穀梁传》

《春秋穀梁传》——省称《穀梁传》，亦《汉书·艺文志》所谓"末世口说流行"之作，桓谭谓穀梁名赤（见上引）。"赤"字又作"寔""俶""淑""喜"（或误作"嘉"），皆声转相通（用《经典释文序录疏证》说）。《四库提要》卷二十六谓《穀梁传》亦当如《公羊》，乃传其学者著之竹帛。

《穀梁》在"三传"中比较朴质。荀崧上疏（见前引）称"其书文清义约，诸所发明，或《左氏》《公羊》所不载"。范宁《序》云："《穀梁》清而婉，其失也短。"章炳麟谓之"淡泊鲜味"（《检论·清儒》）。这些议论，可以看出《穀梁》的特征。廖平则称《穀梁》为鲁学正宗，又谓《穀梁》《左氏》为今古学根本（《今古学考》下《经话》），他对于《穀梁》的评价甚至在《公羊》之上。

为《穀梁》作注的人不多，晋范宁的《集解》采各家之说，各记其姓名，又引用了他家三代的解说，称"先君"的为其父注，称"邵"的为其从弟，称"泰""雍""凯"的则是他的儿子（见杨士勋《序》题下《疏》）。唐陆德明的《释文》、杨士勋的《疏》都采用范注（杨士勋曾参加《左传正义》的编纂，见孔颖达《序》）。清儒治《穀梁》者也很少，柳兴恩的《穀梁大义述》仅仅是材料的纂辑（"述"文缺者甚多）。廖平的《穀梁古义疏》是他平生著述最扎实的（有渭南严氏所刻晚年定本），治《穀梁》学者可以参考。

六、孝经

《孝经》，据传是孔子为小他四十六岁的弟子曾参（子舆）而作（《史记·仲尼弟子列传》，又《汉书·艺文志》）。《四库提要》卷三十二指出："今观其文，去二戴所录为近，要为七十子徒之遗书，使河间献王采入一百三十一篇中，则亦《礼记》之一篇，与《儒行》《缁衣》，转从其类。惟其各出别行，称孔子所作，传录者又分章标目，自名一经，后儒遂以不类《系辞》《论语》绳之，亦有由矣。"

《孝经》所讲的"孝"，把"立身行道"统统包括在内；又说："孝始于事亲，中于事君，终于立身。"（皆见《开宗明义章》）这对于封建统治是很有用的。所以"汉制，使天下诵《孝经》"（《后汉书·荀爽传》）。它的影响很大。

《汉书·艺文志》虽有孔子壁中《孝经》，但后世所传孔安国作注的古文本，实是一伪再伪，前人辨之已审（参看《经典释文序录疏证》）。郑玄《孝经注》，晋末以来也有争论。唐刘知几（子玄）曾列十二证以郑注为伪，反推崇伪孔注本；司马贞与之进行了针锋相对的辩驳（见《文苑英华》卷七百六十六）。玄宗降了一道两可的诏书（见《唐会要》卷七十七）。后来玄宗自己为《孝经》作《注》，命元行冲为之作《疏》。到了宋代，邢昺又袭用元《疏》再作，这便是《十三经注疏》中的《孝经》。清末皮锡瑞用严可均辑的《孝经郑注》，作《孝经郑注疏》，在清代的"新疏"中，也是较好的一种。

七、论语

《论语》，据《汉书·艺文志》说，它是"孔子应答弟子时人，及弟子相与言，而接闻于夫子之语也。当时弟子各有所记，夫子既卒，门人相与辑而论纂，故谓之

《论语》。"《论语》载孟敬子之谥，敬子卒于鲁悼公之后（鲁悼公卒在前429年），《论语》之成当更在其后（据章炳麟说，见《春秋左氏疑义答问》卷一）。这时距孔子之逝，已经近六十年了。

汉代传《论语》者，有齐、鲁两派。武帝时，又在孔子壁中得古文《论语》（见《汉书·艺文志》）。张禹本受《鲁论》，兼讲齐说，号为《张侯论》，包氏、周氏《章句》出焉（何晏《论语集解序》）。汉末郑玄就《鲁论》校周本，以齐、古正读，凡五十事（何《序》及《论语释文》）。今从《释文》考得郑氏正读者二十四事，又从敦煌所出《论语注》残卷中考得三事，除去重复者一事，凡有二十六事，皆以古正鲁（见王国维《观堂集林》卷四《书论语郑氏注残卷后》）。魏何晏、孙邕、郑冲、曹羲、荀颙等据郑氏本"集诸家之善，记其姓名，有不安者，颇为改易，名曰《论语集解》"（何《序》）。这就是现传《十三经》中的《论语注》。诸家中的孔安国，实是伪托，陈鳣（《论语古训自序》）、沈涛（《论语孔注辨伪》）、丁晏（《论语孔注证伪》）、刘宝楠（《论语集解序疏》）论证得非常清楚。

梁、陈间皇侃就何氏《集解》作《论语义疏》，中土已佚，清中叶复自日本传入，刻入《知不足斋丛书》，因《四库全书》收此书，有删改，《知不足斋丛书》本亦从审易。日本大正十二年（1923 年）武内义雄取旧抄本校正，排印行世，始复皇《疏》原样（见《经典释文序录疏证》附录《论语集解皇疏校理自序》）。《十三经注疏》中的邢昺《疏》，浅陋远不如皇《疏》。清代刘宝楠的《论语正义》，是他和刘文淇、梅植之、包慎言、柳兴恩、陈立相约各治一经，加以疏证的成品（刘恭冕（后序））。陈立的《公羊义疏》而外，就要算他这部著作了。

汉人很重视《论语》，史传记载一般九到十二岁，即通《孝经》《论语》（有时以《论语》包括《孝经》，总之，无不通《论语》者），《汉官仪》所载博士举状，于五经外必兼《孝经》《论语》，王国维谓此二经相当于中学科目（《观堂集林》卷四《汉魏博士考》）。到南北朝时，仍是这样，颜之推说："自荒乱已来，诸见俘虏，虽百世小人，知读《论语》《孝经》者，尚为人师"（《颜氏家训·勉学》）。《论语》的普遍传习，直到清末。它给历代的政治思想、道德观念、风俗习惯，都有深刻的影响。研究中国历史、文化，必须认真注意。

八、尔雅

《尔雅》，依据郑玄说，是"孔子门人所作，以释六艺之言"（《驳五经异义》，据陈寿祺《五经异义疏证》本）。它的作者，说法分歧，张揖认为周公"著《尔雅》一篇"，"今俗所传三篇《尔雅》，或言仲尼所增，或言子夏所益，或言叔孙通所补，或言沛郡梁文所考"（《上广雅表》）。郭璞的《序》说："《尔雅》者，盖兴于中古，隆于汉氏。"这部书可能不是一时一人所作，最早的作者，或有孔子门人。它的作用为解释经典，这是一致承认的。王充《论衡·是应篇》："《尔雅》之书，五经之训故。"这与郑玄的说法相同。《大戴礼记·小辨篇》："尔雅以观于古，足以辨言矣。"《汉书·艺文志》："古文（指《尚书》的古文）读应尔雅，故解古今语而可知也。"这两处说的"尔雅"，不一定便是今传的《尔雅》一书（或者《尔雅》书名即因此而定），但"尔雅"一辞是训解（即翻译）古今语的一个术语，可以推知。

这部书共有十九篇（《释诂》分上、下篇，所以又析为二十卷），从语言（《释诂》《释言》等）到一切事物（《释亲》到《释畜》等），都包括在内，对今人来说，它不仅是一部训诂书，而且是全面探讨古代社会生活的重要资料，其作用超过了解释经典。

汉人犍为文学、李巡、孙炎等都曾注《尔雅》，而晋郭璞的《尔雅注》，"会粹旧说"，度越前人。因为他既博物，"缀集异闻"，又用了"二九载"（十八年）的工夫（皆见郭氏《序》），所以成就很大。《经典释文》即采用了这个注本。邢昺所作的《疏》，犹有疏陋。清代邵晋涵《尔雅正义》、郝懿行《尔雅义疏》是较好的著述（并有《清经解》本，《经解》中的郝《疏》有删节），从了解古代语言的角度，从博物的角度，都应该读一读。

九、孟子

《孟子》，据《史记，孟子荀卿列传》说，是孟轲与其徒万章等所作。赵岐《孟子题辞》也有同样的说法。章炳麟认为，其书称其弟子"乐正子""公都子""屋庐子"，徐辟、陈臻、万章，亦或称"徐子""陈子""万子"，师徒相称，不应以"子"尊之，因此断定《孟子》不是孟轲亲作，乃其再传弟子为之（《太炎文录续编》卷一《孟子大事考》）。这种说法，比较符合实际。

《孟子》和《荀子》一样，本都是儒家学派的著作。但据说，它在汉文帝时已曾与《论语》《孝经》《尔雅》同置"传记博士"（《孟子题辞》），后来又受到司马迁（《史记·孟子荀卿列传》）、扬雄（《法言·渊骞》《君子》等篇）、韩愈（《原道》《答张籍书》等篇）、皮日休（《请〈孟子〉为学科书》）等人的推尊，到宋元祐中

（1086—1093 年）即以《论语》《孟子》试士，当时已尊为经。在这以前，大中祥符间（1008—1016 年），孙奭便曾奉诏修《孟子音义》，则尊崇《孟子》，固已久矣（参看《四库提要》卷三十五《孟子音义》后按语）。宋淳熙时（1174—1189 年），又将《礼记》中的《大学》《中庸》二篇与《论语》《孟子》合编为"四书"（参看《四库提要》卷三十五）。"四书"经朱熹作注（《大学章句》《论语集注》《孟子集注》《中庸章句》，原标题及次序如此），从这以后，成为士子必读之书，影响极大。

《孟子》注以后汉赵岐（邠卿）《章句》为最著名（《十三经注疏》中的赵《注》有删削，《四部丛刊》中的影印宋刊本，是今存赵《注》最好的版本）。宋初孙奭等据张镒《孟子音义》、丁公著《孟子手音》及陆善经《孟子注》，为赵《注》作了《音义》（《经典释文》有《老子》《庄子》而无《孟子》）。后来的《孟子疏》托孙奭之名，实是邵武士人所伪作（《朱子语类》卷十九）。伪孙《疏》杂用《琱玉集》等书，妄称《史记》（或作"史说"），殊为庸陋（参看《四库提要辨证》卷二），而《十三经注疏》中却采用了此本。清焦循的《孟子正义》（包括赵岐《章句》）是"新疏"中较早，也较好的一种，读《孟子》可从此入手，并参看朱熹《集注》。

十、附论纬书

纬书托始于图谶。胡应麟曾提到谶与纬有别（《少室山房笔丛》卷三十《四部正讹》上），但并没有谈得透辟。《说文·言部》："谶，验也。有徵验之书，河洛所出书曰谶（此十二字依段《注》本据《文选注》引补）。"谶本是托之于来历神秘的一种预言，有时与图在一起，所以又称为"图谶"。秦汉以来，民间对当时统治的不满和一些愿望，利用了这些图谶，统治者要达到他的野心、企图，利用了这些图谶；儒生说经，也利用了这些图谶。说经利用图谶，因为要比附经书，遂名之为"纬"，有时也称为"纬候"，候是占伺、预兆的意思。利用图谶，造作纬书，大抵出于官家的今文学派。纬书的作用，既把那些儒生的经说涂上神秘色彩，以巩固已取得的官家学派地位，也投合了当时统治政权的需要。纬书的产生似乎可作这样的解释。

纬书据说起于西汉哀平时代（公元前 6 年—公元 5 年），而东汉光武皇帝（25—57 年）特别喜欢图谶，所以遂得大行（见《文心雕龙·正纬》）。当时的学者桓谭、尹敏、张衡（皆见《后汉书》本传）、王充（《论衡》中反对谶纬的地方不少）及后来的荀悦（《申鉴·

俗嫌》）都极力反对。古文学派大都不信纬书。但是，纬书因为官家学派的扶持，势力仍然很大。通儒如郑玄，他的经说混合古今，即采用了一些纬书的说法，他自己还为纬书作过注。

纬书在隋以后即渐亡佚，今已无存者（只剩下一些佚文）。《后汉书·方术·樊英传》："河洛七纬。"李贤注："七纬者，《易》纬《稽览图》《乾凿度》《坤凿度》（二"度"字原误作"图"）、《通卦验》《是类谋》《辨终备》也；《书》纬《璇玑钤》《考灵耀》《刑德放》《帝令验》《运期授》也；《诗》纬《推度灾》《记历枢》《含神雾》也；《礼》纬《含文嘉》《稽命徵》《斗威仪》也；《乐》纬《动声仪》《稽耀嘉》《计图徵》也；《孝经》纬《援神契》《钩命决》也；《春秋》纬《演孔图》《元命包》《文耀钩》《运斗枢》《感精符》《合诚图》《考异邮》《保乾图》《汉含孳》《佑助期》《握诚图》《潜谭巴》《说题辞》。"李贤所举的纬书三十五种，大概是唐时还可见到的。到明代孙瑴辑纬书佚文为《古微书》（有《守山阁丛书》本），共计九十六种。清代马国翰《玉函山房辑佚书》，在"纬书类"中辑了四十七种（赵在翰辑《七纬》，有嘉庆刊本）。上面这些辑本，日人中村璋八合为《纬书集成》（有增补），颇便检阅。纬书的情况，略如上述。

　　纬书塞满了神秘、甚至是迷信的内容，究竟有没有价值呢？刘勰是不信纬书的，在《文心雕龙·正纬》中，曾用"虚伪""深瑕""僻谬""诡诞"等词语来指斥纬书，但他又说："事丰奇伟，辞富膏腴，无益经典，而有助文章。"李善的《文选注》引用了不少纬书，可以说明这一点，汉魏六朝人的文学作品是大大使用了纬书的语言材料的。纬书的作用，还不止此，刘师培的《谶纬论》曾列"补史""考地""测天""考文""徵礼"五善来评价它的积极方面，说："足助博物之功，辅多闻之阙，殷周绝学，赖此可窥。"对于纬书也不能粗暴地抹杀。

　　纬书起于前、后汉之际，也有它的历史原因。除了投合统治政权需要外，当时今文家讲"通经致用"，也很想用阴阳五行之说，了解、说明天地自然、古今变革的现象。于是在大量的纬书中反映了他们凭附想象、幻想去解释社会、自然现象的假说。这些不切实际的假说，促使了它的反对派（即具有唯物主义精神的学者）认真探讨，深入实际。所以东汉时代出现了许多在科技上有贡献的学者，研究浑天、地动的张衡，把医学推向一个高峰的华佗、张机（仲景），就是这些学者的代表。他们的出现，恰恰在这个历史阶段，是否可以与纬书的盛行连在一起考虑。

通 说

一、经的数目

从"五经"到"十三经"，顾炎武曾有一个概括的说明，他说：

> 自汉以来，儒者相传，但言'五经'。而唐时立之学官，则云"九经"者，"三礼"、"三传"，分而习之，放为"九经"。其刻石国子学，则云"九经并《孝经》《论语》《尔雅》"。宋时朱、程诸大儒出，始取《礼记》中之《大学》《中庸》，及进《孟子》以配《论语》，谓之"四书"。本朝（指明朝）因之，而"十三经"之名始立。

这里所说的"五经""九经""十三经"诸称号，都是众所公认的。至于刘敞的《七经小传》，所指的"七

经"是《尚书》《毛诗》《周礼》《仪礼》、《礼记》《公
羊传》《论语》（日人山井鼎的《七经并孟子考文》，所
指的"七经"为"五经"加《孝经》《论语》，即与刘氏
不同）；岳珂的《九经三传沿革例》，所指的"九经"是
《易》《书》《诗》《周礼》《仪礼》《礼记》《左传》《孝
经》、《论语》，又加上《公羊》、《穀梁》，实际是十一
部；这些都是随所编刊，自立名号，这类例子，可以置
而不论。

"十三经"的范围是还可以扩大的。段玉裁曾主张把
《大戴礼记》《国语》《史记》《汉书》《通鉴》《说文解
字》《九章算术》《周髀算经》八书加入"十三经"，遂
可成"二十一经"（《经韵楼集》卷九《十经斋记》）。黎
庶昌又谓"十三经"之外，可增加《庄子》（次《孟
子》），《楚辞》《文选》《杜诗》《韩文》（以上次《毛
诗》），《史记》《汉书》（以上次《尚书》），《通鉴》（次
《左传》）、《通典》《文献通考》（以上次"三礼"），《说
文》（次《尔雅》），各降一等，名曰"亚经"，则共有
"二十四经"（见夏寅官《黎庶昌传》，载《碑传集补》
卷十九）。这些扩大"经"的范围的议论，是可以考
虑的。

唐代试士，曾把"经"分为"大""中""小"三
类：《礼记》《左传》为"大经"，《诗》《周礼》《仪礼》

为"中经",《易》《尚书》《公羊传》《穀梁传》为"小经"（《新唐书·选举志》）。《孝经》《论语》《尔雅》属于初学必读，未列入试科（《孟子》当时还没有认为是"经"）。宋人郑耕老曾取"六经"及《论语》《孟子》《孝经》统计其字数，计《毛诗》三万九千二百二十四字，《尚书》二万五千七百字，《周礼》四万五千八百六字，《礼记》九万九千二十字，《周易》二万四千二百七字，《春秋左氏传》一十九万六千八百四十五字，《论语》一万二千七百字，《孟子》三万四千六百八十五字，《孝经》一千九百三字。大小"九经"，合四十八万九十字（《宋元学案》卷四引《读书说》）。他这个统计根据的什么本子并不清楚，字数的差异总是不会很大的。"经"的分量不大，可是研究它、注解它的著述，却在古代图籍分类的"四部"中独立成为一部了。

二、经的传刻

经书的传刻很早，没有木版以前，便刻上石碑，称为"石经"。"石经"以后汉熹平四年（175 年）在洛阳刻石的《周易》《尚书》《鲁诗》《仪礼》《春秋》《公羊》《论语》为最古，号为"熹平石经"，因为它只有隶书一种字体，所以又号"一字石经"。其次则是魏正始中

（240—248 年）在洛阳刻石的《尚书》《春秋左传》二经，因为它是古文、小篆、隶书三种字体写的，所以叫作"三体石经"。这两种"石经"都已不存在了，它的遗文，载在《隶释》《隶续》诸书中；后来也有些残石出土，而"三体石经"出土的残石很多，章炳麟曾据以写《新出三体石经考》（在《章氏丛书续编》中）。唐开成二年（837 年）所立的"九经并《孝经》《论语》《尔雅》"，则其石今犹在西安碑林，称作"唐石经"或"开成石经"。后来后蜀孟昶广政七年（944 年）刻《周易》《尚书》《周礼》《仪礼》《礼记》《毛诗》《左传》《孝经》《论语》《尔雅》十经在成都，宋田况、席益、晁公武递有修补，号为"蜀石经"，碑已早亡，但有出土残石。北宋嘉祐时（1056—1063 年）曾以篆书、真书二体写"九经"刻石，号为"二体石经"；南宋绍兴中（1131—1162 年）宋高宗又自书"六经"刻石。这两种"石经"，也已不复存在。清代乾嘉时候也曾刻"石经"。"石经"在已有版刻书籍以后，价值就不高了（关于石经，可参看向宗鲁先生《校雠学·择本上》）。

经书的版刻，也是古代官府木刻书的最早一批，后唐长兴三年（932 年）即已由田敏等奏准校刊雕印"九经"（《册府元龟》卷六○八）。宋代单刻经注的情况，可以参看岳珂的《相台书塾刊正九经三传沿革例》（湖北崇文书局刻本）。岳氏刻的"相台本九经三传"（实十一种，即"十三经"中无《尔雅》《孟子》，说已见上），不仅文字校勘精审，而且正文、注文的句读圈点都极为讲究，是群经单注本的精品。颜之推对于经学提出"明练经文，粗通注义"的要求（见《颜氏家训·勉学篇》），读"相台本"这样的群经单注，确是治经的入门之路。

六朝人讲说经注，出现"义疏"这种形式，或又称作"疏义"，唐人作"五经正义"，即是"义疏"，标题"正"字，以其为奉敕之作，试士所遵循者也。贾（公彦）、徐（彦）、杨（士勋）及北宋邢（昺）、孙（伪孙奭）的著作，都只称"疏"，又自称为"释""解"等。义疏本自单行，习惯称为"单疏"。今"单疏"尚存者，如《周易正义》（有江安傅氏影宋本），《尚书正义》（有《四部丛刊三编》景抄本及宋本）、《毛诗正义》（刘氏嘉业堂刊本）、《仪礼疏》（有《四部丛刊续编》景汪刻本）、《礼记正义》（残卷，有《四部丛刊三编》景抄本及宋本）、《左传正义》（有《四部丛刊续编》景抄本）、《公羊疏》（《续古逸丛书》景残宋本）、《尔雅疏》（《续古逸丛书》、《四部丛刊续编》景宋本）等，略可窥见唐、宋人原著面貌。南宋绍熙中（约 1192 年），书坊为了阅读者的省事，遂将经注及疏、释文合并在一起，称

为"三合本"或"注疏本"。于是有"似便而易惑"（段
玉裁语，见《经韵楼集·与诸同志书论校书之难》）的读
本出现。"三合本"的最早刻本为八行本，后来又有比八
行本更混乱的十行本。阮元校刻的《十三经注疏》所据
为一种较晚印行的十行本，所以并不是好本子（关于
"注疏本"的出现及阮氏刻本的优劣，详见向宗鲁先生
《周易疏校后记》，载《中国历史文献研究集刊》第三
集）。注疏的校理，是一件比较复杂的工作，段玉裁曾提
出"以贾还贾，以孔还孔，以陆还陆，以杜还杜，以郑
还郑，各得其底本，而后判其义理之是非"（《与诸同志
书论校书之难》）的原则，是比较科学的。

三、经学流派

经学在古代主要分汉、宋两派，而汉学又分为今文、
古文两个学派。

汉代的今、古文学派，原出于传习经典的今（隶
书）、古（篆书）字体不同，后来遂致说法大异。两汉立
于学官的都是今文学派，西汉宣帝时有《易》施、孟、
梁丘三家，《书》欧阳、大小夏侯三家，《诗》齐、鲁、
韩三家。《礼》后氏一家，《春秋》公羊、穀梁二家，凡
十二博士（用王国维说，见《观堂集林》卷四《汉魏博

士考》）；东汉光武时有《易》施、孟、梁丘、京四家，《书》欧阳、大小夏侯三家，《诗》齐、鲁、韩三家，《礼》大小戴二家，《春秋》公羊的严、颜二家，凡十四博士（见《续汉书·百官志》，又《后汉书·儒林传序》误衍"毛"字），统统是今文家。古文学派在民间流传，许多有"实事求是"精神的学者（"实事求是"一语，即出于《汉书·河间献王传》，河间献王很推重古文派的学者），都治古文。后汉末古文的势力逐渐大了起来，郑玄治经即兼今、古文，而侧重古文。到了魏代，《易》费氏、《古文尚书》、《诗》毛氏、《周礼》、《左氏春秋》都得立于学官，这些古文家的经说，形成了战胜今文学派的趋势（见王国维《汉魏博士考》、章炳麟《汉学论下》）。六朝"义疏"之学基本上是沿着这种趋势流衍下去的。

中唐以后，对于汉魏以来的正统经学逐渐有人怀疑。到了宋代，更是出现了大批吸收禅宗学说改造儒学的所谓"理学"（"道学"）家，他们讲经，极力摆脱汉、魏以来注疏的束缚，于是有所谓"宋学"。朱熹是"宋学"的大师，但他对于注疏，用力很深，而又不为其所限制，成就是不能抹杀的。《纯常子枝语》卷十四谓朱子特重注疏，故道问学之功，非濂洛之所能及。

宋学在元明时代像前后汉的今文学派一样，成为了官方学派。明修《四书五经大全》，清修《折中》《述义》一类官书，都是抄袭宋元诸儒著作，影响极为恶劣，顾炎武曾说，《大全》的修纂，"颁餐钱，给笔札，书成之日，赐金迁秩，所费于国家者不知凡几"。而这些修纂者"仅取已成之书，抄誊一过，上欺朝廷，下诳士子"（《日知录》卷十八《四书五经大全》）。这是对于明修《大全》的评论，同样可移来评论清代那些书。

清儒的学风，主要是推崇汉学。乾嘉诸儒从小学入手，在文字声韵、名物训诂方面下功夫。道光、咸丰以后，渐有今、古文派的旧影出现，清末，今文学派颇盛行一时。辛亥革命时期古文派的势力有所抬头，而且也注意了魏晋讫六朝的经学成就。章炳麟曾说，清儒"根柢皆在注疏"，这种说法，"十得六七"。"清儒所失，在牵于汉学名义，而忘魏晋干蛊之功'（《汉学论下》）。可以作为这派学者意见的代表。

汉、宋两派，都主张实事求是，不妄议论。司马光说："新进后生，口传耳剽，读《易》未识卦爻，已谓'十翼'非孔子之言；读《礼》未知篇数，已谓《周官》为战国之书；读《诗》未尽《周南》《召南》，已谓《毛传》为章句之学；读《春秋》未知十二公，已谓'三传'可束之高阁。"朱熹说："近日学者，病在好高。《论语》未问'学而时习'，便说'一贯'；《孟子》未言

'梁惠王问利'，便说'尽心'；《易》未看六十四卦，便读《系辞》；此皆躐等之病。"（《困学纪闻》卷八）这是宋儒的话，他们并没有提倡浮说空论。这不仅是治经的原则，也是治学的正途。

四、经与文学

孔子弟子分为"德行""言语""政事""文学"四种，子游（言偃）、子夏（卜商）便是文学科的代表（《论语·先进》）。据皇侃《义疏》引范宁说："文学，谓善先王典文。"那时候的"先王典文"就是经典，按照孔子的分科，文学也即经学。

后代的文论，也把文学和经学的关系看作头等大事，《文心雕龙》列在最前面的四篇：《原道》《徵圣》《宗经》《正纬》，都是讲经学与文学关系的。《宗经篇》说：

> 故论说辞序，则《易》统其首；诏策章奏，则《书》发其源；赋颂歌赞，则《诗》立其本；铭诔箴祝，则《礼》统其端，纪传铭檄，则《春秋》为根：并穷高以树表，极远以启疆，所以百家腾跃，终入环内者也。

《颜氏家训·文章篇》也说：

> 夫文章者，原出'五经'：诏命策檄，生于
> 《书》者也；序述论议，生于《易》者也；歌咏赋
> 颂，生于《诗》者也；祭祀哀诔，生于《礼》者
> 也；书奏箴铭，生于《春秋》者也。

他们把后代文章各体牵附经书，虽不免有些勉强，
但文学与经学有关，这一命题，总是有道理的。唐代的
一部巨大总集《文馆词林》，今其残存的第三百四十六卷
"颂"类，即选入了《诗经》的《周颂·时迈》（杨守敬
刻本、《适园丛书》翻杨本）。这就远在杂抄经史百家的
曾国藩所说的村塾古文选《左传》（见《经史百家杂抄
序》）之前了。

从文学的角度研究经书，除了各种样式的文学作品
的继承发展关系以外，还有文学艺术理论的渊源影响。
研究中国古代文学，是离不开对于经学的探讨的。

经话新编

小序

近世经今文学大师廖季平（平）先生，曾作《经话》。在他丙戌年（1886 年）编成的《今古学考》卷下，取《经话》中论今古学者凡百一十条，畅论今文、古文两个经学流派的区分。章炳麟《清故龙安府学教授廖君墓志铭》所指的"康氏所受于君者"的"第二变"，盖即此书（《廖君墓志铭》，见《太炎文录续编》卷五下）。用《经话》这种形式说经，灵动活跃，颇不沉闷。我认为很符合深入浅出的学术著述写作原则。诗学有"诗话"，词学有"词话"，曲学有"曲话"，难道经学就可以不写"经话"了吗？这种形式，清初阎若璩的《四书释地》《尚书古文疏证》，顾栋高的《春秋大事表》已颇为采用。乾嘉大儒治学态度严肃庄重，于阎、顾诸君写作形式，颇致不满，然而他们那种过于板滞的论著，却不大能引起更多读者的兴趣。要把说经通俗化，我认为"经话"这种形式是可承用、推广的，因此作《经话新编》，凡二十七条。与廖氏之作形式颇近，而宗旨不同，故曰《新编》云尔。辛未末春，麐翁记。

一、庄子论儒经

《庄子·天下篇》说：

> 其在于《诗》《书》《礼》《乐》者，邹鲁之士、搢绅先生多能明之：《诗》以道志，《书》以道事，《礼》以道行，《乐》以道和，《易》以道阴阳，《春秋》以道名分。其数散于天下，而设于中国者，百家之学，时或称而道之。

这是关于经学的最早记载。没有提到孔子，但是"邹鲁之士、搢绅先生"云云，显然指的孔子和孔氏门徒。"百家之学，时或称而道之"，"邹鲁之士、搢绅先生多能明之"：经学和孔氏儒学、百家之学的重轻关系，已经讲得很清楚了。没有孔子便没有群经；没有孔氏门徒便没有经学：从《庄子》这段记载，是可以得出这样的结论的。

《庄子·天道篇》又说：

> 孔子西藏书于周室，子路谋曰：由闻周之征藏
> 史有老聃者，免而归居，夫子欲藏书，则试往因焉。
> 孔于曰：善！往见老聃，而老聃不许，于是繙十二
> 经以说。老聃中其说，曰：大谩！愿闻其要。孔子
> 曰：要在仁义。

《庄子》多寓言，这一段记载不一定全是真实的。但
这当中可以明显地看到孔子对他所撰述的经书是十分珍
惜的。此文上面说"藏书"，下面说"繙十二经"，可知
孔子所欲藏的"书"便是"经"。"十二经"有种种讲
法，《释文》即有"六经六纬""《易》上下经及《十
翼》""《春秋》十二公"三种不同的说法。其实"十二"
应该是个虚数，"十二经"即指群经。藏于周室，即欲传
诸其人的意思。老聃听了孔子说经，批评了两个字："大
谩！"大即"太"字，谩是曼的借字，《诗·閟宫》"孔
曼且硕"，《毛传》："曼，长也。""大谩"就是嫌"十二
经"太冗长了，所以说："愿闻其要。"司马谈《论六家
要指》说："儒者博而寡要"（见《史记·太史公自
序》），便是采用了老聃对儒经的这样批评。

研究经学，《庄子》中的这两条，是最早的材料，也

是最好的材料了。

二、经学是汉初儒生禄利之路

《庄子》批评孔子的《十二经》"大谩"，司马谈说儒者"博而寡要，劳而少功"，确是中肯之言。《汉书·艺文志》说："古之学者耕而养，三年而通一艺，存其大体，玩经文而已。是故用日少而畜德多，三十而五经立也。后世经传既已乖离，博学者不思多闻阙疑之义，而务碎义逃难，便辞巧说，破坏形体。说五字之文，至于二三万言。后进弥以驰逐，故幼童而守一义，白首而后能言。安其所习，毁所不见，终以自蔽，此学者之大患也。"这种"学者之大患"，尽管从先秦两汉以来不断有人指出，但是经学的出现，就与烦琐这种弊端分不开。《汉书·儒林传》赞曰："自武帝立五经博士，开弟子员设科射策，劝以官禄。讫于元始，百有余年（前140—前1年），传业者浸盛，支叶蕃滋。一经说至百余万言，大师众至千余人，盖禄利之路然也。"这就点明了烦琐弊端的原因。《汉志注》引桓谭《新论》："秦近君能说《尧典》，篇目两字之说至十余万言，但说'曰若稽古'三万言。"（《全后汉文》卷十四辑此入《正经第九》）这是有名的烦琐说经的例子。《文心雕龙·论说》曾提到这个例子，并说："所以通人恶烦，羞学章句。"

经学成了"禄利之路"，除了"分文析字，烦言碎辞"之外，还习惯于"信口说而背传记，是末师而非往古"，"保残守缺，挟恐见破之私意，而无从善服义之公言"，刘歆欲立《左氏春秋》，遭到五经博士的拒绝，曾移书太常博士，深切地揭发了当时的学弊（见《汉书·楚元王交传》，又《文选》卷四十三）。武帝建元之间（前 140 年左右），官方博士"一人不能独尽其经，或为《雅》，或为《颂》，相合而成"。"保残守缺"到了这样的地步。刘歆指斥当时的学风是"专己守残"，"党同门，妒道真"，确是无可置辩的真实。

"禄利之路"又导致了"曲学阿世"的坏学风。《汉书·儒林传》载，齐人辕固生是《韩诗》博士。景帝时，窦太后好《老子书》，"召问固，固曰：此家人言耳！（意思是说它平庸，谈不上有什么学术价值。）太后怒曰：安得司空城旦书乎？（司空城旦书，指刑律之书，意思说，它比刑律条文总要好点，这是针对辕固鄙视《老子》而讲的。）乃使固入圈击彘。上（指景帝）知太后怒，而固直言无罪，乃假固利兵（指锐利的武器），下圈（圈字依王念孙说订正）刺彘，正中其心，彘应手而倒。太后默然，亡（即无字）以复罪。上以固廉直，拜为清河太傅。疾免。武帝初即位，复以贤良征。诸儒多嫉毁。曰：

固老。罢归之。时固已九十余矣。公孙弘亦征，仄目而事固（仄目，意思是说有些怕他）。固曰：公孙子务正学以言，无曲学以阿世！"辕固这句话，正抓住公孙弘热衷于"禄利之路"的特征。公孙弘"每朝会议，开陈其端，使人主自择，不肯面折庭争"，"习文法吏事"，"缘饰以儒术"。他是一个典型的"曲学阿世"者。在汉武帝时代，成了一个官运亨通、封侯拜相的儒臣。他和汲黯约定要面奏武帝的事，到了武帝面前，"皆背其约"。他的"奉禄甚多"，却又故为俭约，特制布被。这些诈行，都为了讨好主子。一切被汲黯所揭发。《汉书》的《公孙弘卜式儿宽传》里，写得颇为详备。辕固生和公孙弘的故事，是经学史上值得借鉴的史实，也很有启发性。

三、曲学阿世是经学的邪路

《文心雕龙·论说篇》说："通人恶烦，羞学章句。"这种说法，从王充以来，便已如此。《论衡·超奇篇》说：

> 通书千篇以上，万卷以下，弘畅雅闲，审定文读，而以教授为人师者，通人也。杼其义旨，损益其文句，而以上书奏记，或兴论立说，结连篇章者，

文人、鸿儒也。好学勤力，博闻强识，世间多有；著书表文，论说古今，万不耐一。

又说：

> 故夫能说一经者为儒生；博览古今者为通人；采掇传书，以上书奏记者为文人；能精思著文，连结篇章者为鸿儒。故儒生过俗人，通人胜儒生，文人逾通人，鸿儒超文人。故夫鸿儒，所谓超而又超者也。以超之奇，退与儒生相料，文轩之比于敞车，锦绣之方于缊袍也。其相过远矣。如与俗人相料，太山之颠埘，长狄之项跖，不足以喻。故夫丘山以土石为体，其有铜铁，山之奇也；铜铁既奇，或出金玉。然鸿儒，世之金玉也，奇而又奇矣。

六朝的义疏之学，多出于"禄利之路"为通人所羞的章句儒生。《颜氏家训·勉学篇》说：

> 学之兴废，随世轻重。汉时贤俊，皆以一经弘圣人之道。……末俗已来不复尔，空守章句，但诵师言，施之世务，殆无一可。故士大夫子弟，皆以博涉为贵，不肯专儒。梁朝皇孙以下，总丱之年，

必先入学，观其志尚，出身以后，便从文史，略无卒业者。冠冕为此者，则有何胤、刘瓛、明山宾、周舍、朱异、周弘正、贺琛、贺革、萧子政、刘绍等，兼通文史，不徒讲说也。洛阳亦闻崔浩、张伟、刘芳，邺下又见邢子才，此四儒者，虽好经术，亦以才博擅名。如此诸贤，故为上品，以外率多田野间人，音辞鄙陋，风操蚩拙，相与专固，无所堪能，问一言辄酬数百，责其指归，或无要会。邺下谚云：博士买驴，书券三纸，未有驴字。使汝以此为师，令人气塞。孔子曰："学也，禄在其中矣。"今勤无益之事，恐非业也。夫圣人之书，所以设教，但明练经文，粗通注义，常使言行有得，亦足为人。何必《仲尼居》即须两纸疏义？燕寝讲堂，亦复何在？以此得胜，宁有益乎？光阴可惜，譬诸逝水。当博览机要，以济功业；必能兼美，吾无间焉。

这一段文字，便是"通人恶烦，羞学章句"的氛围的叙写。

到了明代，什么"心学""性理之学"为官方所提倡，又成了"禄利之路"，充塞了经学。顾炎武《与友人论学书》说：

比往来南北，颇承友朋推一日之长，问道于盲。窃叹夫百余年以来之为学者，往往言心言性，而茫乎不得其解也！命与仁，夫子之所罕言也；性与天道，子贡之所未得闻也。性命之理，著之《易传》，未尝数以语人。其答问士也，则曰：行己有耻。其为学，则曰：好古敏求。其与弟子言，举尧舜相传所谓危微精一之说，一切不道，而但曰：允执其中，四海困穷，天禄永终。呜呼！圣人之所以为学者，何其平易而可循也！故曰：下学而上达。颜子之几乎圣也，犹曰：博我以文。其告哀公也，明善之功，先之以博学。自曾子而下，笃实无若子夏，而其言仁也，则曰：博学而笃志，切问而近思。今之君子则不然，聚宾客门人之学者数十百人，譬诸草木，区以别矣，而一皆与之言心言性，舍多学而识，以求一贯之方；置四海之困穷不言，而终日讲危微精一之说。是必其道之高于夫子，而其门弟子之贤于子贡，祧东鲁而直接二帝之心传者也！我弗敢知也！《孟子》一书，言心言性，亦谆谆矣，乃至万章、公孙丑、陈代、陈臻、周霄、彭更之所问，与孟子之所答者，常在乎出处去就、辞受取与之间，以伊尹之元圣，尧舜其君、其民之盛德大功，而其本乃在乎千驷、一介之不视、不取；伯夷、伊尹之不同于

孔子也，而其同者，则以行一不义、杀一不辜而得
天下不为。是故性也、命也、天也，夫子之所罕言，
而今之君子之所恒言也。出处去就、辞受取与之辨，
孔子、孟子之所恒言，而今之君子所罕言也。谓忠
与清之未至于仁，而不知不忠与清而可以言仁者，
未之有也！谓不忮不求之不足以尽道，而不知终身
于忮且求而可以言道者，未之有也！我弗敢知也！
愚所谓圣人之道者如之何？曰：博学于文。曰：行
己有耻。自一身以至于天下国家，皆学之事也。自
子臣弟友以至于出入往来辞受取与之间，皆有耻之
事也。耻之于人大矣！不耻恶衣恶食，而耻匹夫匹
妇之不被其泽。故曰：万物皆备于我矣，反身而诚。
呜呼！士而不先言耻，则为无本之人；非好古而多
闻，则为空虚之学。以无本之人，而讲空虚之学，
吾见其日从事于圣人，而去之弥远也！虽然，非愚
之所敢言也，且以区区之见，私诸同志，而求起予。
（《亭林文集》卷三）

顾炎武的这段话，和前面颜之推所言，都是对"曲
学阿世"的坏学风所下的箴砭。"曲学阿世"的表现不
同，甚至于在不同的世风之下，往往各走极端，都是经
学史上宜引以为诫的历史教训。

《汉书·艺文志》说：

> 儒家者流……游文于《六经》之中，留意于仁义之际，祖述尧舜，宪章文武，宗师仲尼，以重其言，于道为最高……然惑者既失精微，而辟者又随时抑扬，违离道本，苟以哗众取宠。后进循之，是以《五经》乖析，儒学浸衰；此辟儒之患。

颜、顾所针砭的便是"辟儒之患"。《汉书·景十三王传》说，河间献王德"修学好古，实事求是。从民得善书，必为好写与之，留其真。加金帛赐以招之，由是四方道术之人，不远千里，或有先祖旧书，多奉以奏献王者，故得书多，与汉朝等"。毛泽东同志《改造我们的学习》概括"主观主义的态度"是"无实事求是之意，有哗众取宠之心"；而"马克思列宁主义的态度"则是"有实事求是之意，无哗众取宠之心"。"实事求是"和"哗众取宠"这两个成语，都出现在经学史上，总结经学上的历史经验，对于端正我们的学风，确是有用啊！

四、群经次第

《经典释文叙录》有《次第》一条云："五经六籍，

圣人设教。训诱机要，宁有短长？然时有浇淳，随病投药，不相沿袭，岂无先后？所以次第互有不同。如《礼记·经解》之说，以《诗》为首（《经解》的次第是《诗》《书》《乐》《易》《礼》《春秋》）；《七略·艺文志》①所记，用《易》居前（《汉书·艺文志》本之《七略》，其次第是《易》《书》《诗》《礼》《乐》《春秋》《论语》《孝经》《小学》）。阮孝绪《七录》，亦同此次；而王俭《七志》，《孝经》为初。原其后先，义各有旨。今欲以著述早晚，经义总别，以成次第。"《经典释文》的次第是《周易》《古文尚书》《毛诗》、《三礼》《春秋》《孝经》《论语》《老子》《庄子》《尔雅》。后代相沿，大抵以此为著录先后。

至于诵读，则宋代以后，一般是先《四书》后《五经》。《四书》按照朱注次第是《大学》《论语》《孟子》《中庸》；而一般教学，则是《大学》《中庸》居首，然后是《论语》《孟子》。《五经》则是《诗》《书》《易》《礼记》、《春秋左氏传》。过去的书馆、村塾，莫不如是。

张之洞《輶轩语》的《治经宜有次第》一条提出：

---

① 应指《七略·六艺略》。——编注

欲用注疏工夫，先看《毛诗》，次及《三礼》，再及他经。盖《诗》、《礼》两端，最切人事，义理较他经为显，训诂较他经为详，其中名物，学者能达与否，较然易见。且四经皆是郑君元注，完全无阙。《诗》则《毛传》粹然为西汉经师遗文，更不易得。欲通古训，尤在于兹。《礼》之条目颇多，卷帙亦钜，初学畏难。《诗》义该比兴，兼得开发性灵。《郑笺》多及礼制。此经既通，其于《礼》学寻途探求，自不能已。《诗》《礼》兼明，他经方可着手。《书》道政事，《春秋》道名分，典礼既行，然后政事名分可得而言也。《易》道深微，语简文古。训诂礼制，在他经为精，在《易》为粗。所谓至精，乃在阴阳变化消息。然非得其粗者，无由遇其精者。总之，《诗》《礼》可解，《尚书》之文、《春秋》之义不能尽解；《周易》则通儒毕生探索，终是解者少而不解者多。故治经次第，自近及远，由显通微，如此为便，较有实获。

这是从古到近，由浅入深，两条不同的经学次第途径。学者应有明确的认识，清晰的观念。

五、《周易》难学

《周易》列群经之首，但实是不易读懂的一部书。颜之推谓梁世崇尚玄虚之学：

> 《庄》《老》《周易》，总谓《三玄》。武皇、简文，躬自讲论。周弘正奉赞大猷，化行都邑，学徒千余，实为盛美。元帝在江、荆间，复所爱习，召置学生，亲为教授，废寝忘食，以夜继朝。至乃倦剧愁愤，辄以讲自释。吾时颇预末筵，亲承音旨。性既顽鲁，亦所不好云。

《朱子语类》卷一〇四说：

> 先生（指朱熹）因与朋友言及《易》，曰：《易》非学者之急务也。某平生也费了些精神理会《易》与《诗》，然其力未若《语》《孟》之多也。《易》与《诗》中所得，似鸡肋焉。

张之洞说：

《周易》统贯天人，成于四圣（指伏羲、神农、文王、孔子），理须后圣方能洞晓。后代诸家，皆止各随所得，无一人能为的解定论，势使然也。且阴阳无形，即使缪称妄说，无人能质其非。所以通者虽少，而注者最多，所谓画狗马难于画神鬼之比也。

又说：

蜀士好谈《易》，动辄著书，大不可也！切宜戒之！（《輶轩语·治经宜有次第》注）

这些都是对于《易》学的纠缪箴言。

张之洞特别谈到"蜀士好谈《易》，动辄著书"，当时是有所指的。其在晋代，即有蜀才注《易》（见《颜氏家训·书证篇》，蜀才即范长生）。《经典释文》亦见称引。唐李鼎祚《周易集解》"历观炎汉，迄今巨唐，采群贤之遗言，议三圣之幽赜，集虞翻、荀爽三十余家"（李氏自序），清儒之治汉《易》者，视为武库，李道平至为之《纂疏》，这能说"蜀士好《易》著书"不对吗？及至清代末期，蜀中解《易》之书，确是不少。但两《经解》中没有一部蜀人著作。谈《易》的末流竟与会道门合流。迄今迷信摊肆上，犹有标《易》以卖卜者，这真是经学史上的耻辱！特书张氏之言，以为蜀士戒！

六、学《易》宜走王弼讲哲理的路子

《周易》本是古人占卜之书，其以卦、爻辞组成的上下经，可能周初即已定型。卦、爻辞里既是占筮之语，也用了些反映古代生活及社会现象的谣谚。汉儒解释此经的"卦气""消息""爻辰""升降""纳甲""八宫""世月"诸说，与图谶合流，实甚神秘。尽管惠栋、张惠言诸人被称为清代《易》学大师，不过是拾汉儒神秘之余，与宋代方士《易》图之说，谈不上谁高谁下。唯王弼注《易》，从矛盾统一的原则出发，才把《易》学引向哲理的正途。《易略例·明象》说：

> 夫象者何也？统论一卦之体，明其所由之主者也。夫众不能治众，治众者至寡者也；夫动不能制动，制天下之动者贞夫一者也。故众之所以得咸存者，主必致一也；动之所以得咸运者，原必无二也。物无妄然，必由其理。统之有宗，会之有元。故烦而不乱，众而不惑。故六爻相错，可举一以明也；刚柔相乘，可立主以定也。是故杂物撰德，辩是与非，则非其中爻，莫之备矣。故自统而寻之，物虽

众，则知可以执一御也；由本以观之，义虽博，则知可以一名举也。故处璇玑以观大运，则天地之动，未足怪也；据会要以观方来，则六合辐凑，未足多也。故举卦之名，义有主矣；观其彖辞，则思过半矣。

这是讲的统一的道理。《明爻通变》说：

夫爻者何也？言乎变者也。变者何也？情伪之所为也。夫情伪之动，非数之所求也。故合散屈伸，与体相乖。形躁好静，质柔爱刚。体与情反，质与愿违。巧历不能定其算数，圣明不能为之典要。法制所不能齐，度量所不能均也。为之乎，岂在夫大哉！陵三军者，或惧于朝廷之仪；暴威武者，或困于酒色之娱。近不必比，远不必乖。同声相应，高下不必均也；同气相求，体质不必齐也。召云者龙，命吕者律。故二女相违，而刚柔合体；隆墀永叹，远壑必盈。投戈散地，则六亲不能相保；同舟而济，则胡越何患乎异心？故苟识其情，不忧乖远；苟明其趣，不烦强武。能说诸心，能研诸虑。暌而知其类，异而知其通，其唯明爻者乎？

这是讲矛盾的作用。这些都包含着可贵的辩证法的因素。章炳麟《菿汉微言》说：

> 癸甲之际，卮于龙泉，始玩爻象，重籀《论语》。明作《易》之忧患，在于生生。生道济生，而生终不可济。饮食兴讼，旋复无穷。故唯文王为知忧患，唯孔子为知文王。

他对于《周易》的理解，或也可为治《易》学的启发。

七、汲冢《易》

《晋书·束晳传》："太康二年，汲郡人不准盗发魏襄王墓，或言安釐王冢，得竹书数十车。"其中有《易经》二篇，与《周易》上下经同。"朱希祖《汲冢书考》谓其出书之年，当依《武帝纪》系在咸宁五年（279 年），太康二年（281 年）始命束晳等校理。又云："考汉代虽有古文《易经》，未尝知其由何而来。此汲冢所出之《易经》，当时学者盛讲三玄之学，何无人一校其异同，而竟任其荡灭？惜哉！"

八、汲冢《周书》

汲冢所出古文竹书，有《周书》，《束晳传》列在《杂书》十九篇中。《周书》与现存《尚书》的关系如何，朱希祖《汲冢书考》中，也作了详细的论述。他说：

晋时《周书》，盖有二本：一为汉以来所传今隶本，一为汲冢所出古文本，当无疑义。《隋书·经籍志》仅载《汲冢周书》十卷，不载孔晁注本；《唐书·经籍志》仅载孔晁注《周书》八卷，不载《汲冢周书》十卷：盖皆互有遗漏。唯《唐书·艺文志》既载《汲冢周书》十卷，又载孔晁注《周书》八卷，盖汲冢十卷为无注本，孔晁注本唐时已有缺篇，故并载焉。颜师古《汉书·艺文志》《周书》注云：'今存者四十五篇'，盖指孔晁注本言也。刘知几《史通·六家篇》云：'又有《周书》者，凡为七十一章，上自文、武，下终灵、景。'不言有缺，盖所见为汲冢十卷本。是唐时尚二本并传也。汲冢本无注而十卷，孔晁本有注卷数反少，而仅有八卷。知八卷即师古所见之孔注四十五篇也。师古以后，孔注又亡三篇。自宋以来，盖以汲冢本补孔晁注本，而去其重复，故孔注仅有四十二篇，而无注者十七篇，及序一篇，合成今本六十篇，仍题曰《汲冢周书》。其所亡十一篇汲冢原本或有或无，已不可知。今《四部丛刊》影印明嘉靖繙宋嘉定丁黼本即如此。由此言之，今本《周书》孔晁注四十二篇，其为汉以来所传旧本，抑为汲冢本，尚待深考。其无注之十七篇及序一篇，幸赖汲冢《周书》以传，此为不可淹之事实也。

《逸周书》之于《尚书》，犹《韩诗外传》之于《诗》，《大戴礼记》之于《礼》，皆属于经学研究范围，而留心此类典籍者不多，实有大力鼓吹之必要。朱希祖这段论述，所提到的是颇为清儒治经者所忽视之事。

九、《韩诗外传笺疏》凡例

《逸周书》既有朱右曾《集训校释》，又有孙诒让《斠补》，发正之处，已为不少（孙氏不信汲冢古文）。《韩诗外传》虽有赵怀玉、周庭案校注之本，然皆颇为疏漏，元明旧刻，亦未详勘。近世以来，虽有人肄业及之，然悉不厌人意。六十年前曾肆力于此，后又得元刻明印本勘对，曾写《元刊本〈韩诗外传〉题记两首》，载在

《中国历史文献研究集刊》第三集（岳麓书社 1983 年 2 月出版）。近期拟作《韩诗外传笺疏》，资料大体已集，正待写定。曾草《凡例》十条，今录于此：

一、韩婴说诗之书，旧有《内传》四篇，《外传》六篇（见《汉书·艺文志》）。自唐、宋以来，《内传》既亡，惟存《外传》十卷（近人沈家本《世说新语注所引书目》一谓《内传》未亡，即存《外传》之中。其说不足凭，余别有辨证，在《附录》卷四）。散乱之余，芜秽斯多。今稽撰旧闻，粗为理董，古词典义，籀绎二三，草创《笺疏》十卷。未比康成之作，但主毛公；聊同冲远之书，因成前业耳。

二、《韩诗外传》旧题有惟称《诗外传》而不冠以韩字者（元刊本及明苏献可通津草堂本、沈辨之野竹斋本、毛晋汲古阁本并然；而元刊本首《韩婴传》，已标《韩诗外传》之名，苏本、沈本载钱惟善序，亦题为《韩诗外传序》）。今案：陆德明《毛诗》题下《释文》云：《诗》是此书之名；毛者传《诗》人姓，既有齐、鲁、韩三家，故题姓以别之。此书之必当题韩字，亦犹是也。《白虎通德论·爵篇》《诛伐篇》《王者不臣篇》《姓名篇》《风俗通义·山泽篇》，皆引《韩诗内传》，是汉人所见《内传》，已题韩字，《外传》自应相同。《后汉书·刘宽传》注引谢承书云：宽少学欧阳《尚书》、京氏

《易》，尤明《韩诗外传》。盖《韩诗外传》之称，由来久矣。据荀悦《汉纪》卷二十五，《齐诗》亦有内外传，若不标韩字，更何以相别乎？凡此变乱旧称，苟求古雅，殊无取焉。明薛来芙蓉泉书屋以下诸本，并题曰《韩诗外传》，此通行可用之式也。今《笺疏》依焉。

三、旧本题下次行，咸署韩婴之名（元本、苏本、沈本并题韩婴二字，薛本题汉韩婴撰，程本以下并题汉燕人韩婴撰）。案：孔颖达《毛诗》卷首《正义》云：汉承灭学之后，典籍出于人间，各专门名氏，以显其家学，故诸为训者，皆云氏，不言名。是则韩婴之名，出于后人题署矣（《册府元龟》卷八百八十一引《韩氏外传》述管鲍事，亦称韩氏，说见《佚文》中。今谓《诗》上冠韩，已显旧业；章句既正，宜用新名。凡诸题署，悉从刊削。惟称《韩诗外传笺疏》卷第几，下署某某学而已。非敢淹没前修，变更昔式。盖犹子政之校《荀》《贾》，别号《新书》；邵公之解《公羊》，自题家学云尔。

四、《韩诗外传》之有刻版，始于宋庆历中（见《容斋续笔》卷八）。当时既无好本，刊者又有所雌黄。创痏滋多，实基于此。及今宋刻既亡，世传唯重元本。元本乃至正十五年海岱刘贞刊于嘉兴路儒学者。自元入明，递有修补。讫嘉靖、隆庆之际，犹在摹印。虽小胜之处，时类排沙，而舛夺之文，终伤掩瑜。其难尽据，辜较可知。明代诸刻，嘉靖时则有苏州苏献可通津草堂本、沈辨之野竹斋本（沈本即苏本重印）、济南薛来芙蓉泉书屋本，万历时则有新安程荣《汉魏丛书》本、钱塘胡文焕《格致丛书》本，天启时则有杭州唐琳快阁藏书本，崇祯时则有虞山毛晋汲古阁《津逮秘书》本。毛刻出于苏沈，程、胡、唐诸刻皆本之薛氏。明刊之于元本，略有异同。落叶旋扫，牡丹复萌。凡此版刻源流得失，别详《参校诸本题记》（见《附录》卷一）。

今比对诸本，断至毛刻，多取元刊，亦存明本。惟善是从，不主一是。诸本异同，悉具注中。昔郑君注《礼》，详列今古之文；陆氏释经，并出兼通之理。取则不远，窃比斯在（元刊本今见两部，其一刷印较早，补抄者仅有三页，省称元甲本；其一刷印稍后，补抄者二十六页，为袁廷梼五砚楼旧藏，省称元乙本。两本相同者，但称元本，不复区别。元乙本补抄之页，皆经黄丕烈以元本、毛抄校正，今依版心标志，分别称黄从元本补、黄从元本校、黄从毛抄补、黄从毛抄校，以取异焉。其余诸本，但取刊印者之姓氏，以为省称）。

五、《韩诗外传》之有校订，今所知者，莫早于宋庆历时之文彦博（《容斋续笔》卷八记庆历中李用章刻本末题云：蒙文相公改正三千余字。文相公，谓文彦博也。

说详《附录》卷一）。其所改正三千余字，文献无征，不能究其得失。

清乾隆中，武进赵怀玉、新安周庭宷并为之《校注》，期月之间，先后刊布（赵书刻于乾隆五十五年，周书刻于五十六年），互不相谋，同称善本。赵精校雠，周兼疏释。然犹肆力不深，遗义斯众。自时厥后，蕲水陈士轲有《疏证》之作（陈士轲《韩诗外传疏证》十卷，刻于嘉庆二十三年），侯官陈乔枞有考遗之编（陈乔枞述其父寿祺之作，成《韩诗遗说考》五卷，《叙录》一卷，《附录》一卷，《补遗》一卷，道光中刻入《左海续集》，其后《清经解续编》收入此书，订为十八卷）。一则惟录互见之文，一则但详篇什之义。趋舍虽殊，发明盖寡。日照许瀚创为《校议》（许瀚《韩诗外传校议》一卷，成于咸丰时），锲而不舍，以少胜多。德清俞樾、瑞安孙诒让，肄业及此，咸有撰述（俞樾《曲园杂纂》卷十七有《读韩诗外传》，孙诒让《札迻》卷二校《韩诗外传》。此二书皆刻于光绪时）。发疑正读，孙氏尤精。然三家既非专业，未贯全书。坠绪毕张，其犹有待。今治此书，兼采众家，旁稽载籍。以互见之文，推其因革；以援引之书，穷其流变。征其形体递嬗之迹，准之声韵通转之理。论列是非，折衷至当。误文宜正，凡有元、明旧刊可据者，则径加刊改；否则但具其说于注中，原本面目，一仍其旧。斯循闻疑载疑之良规，非慕误书思适之高谈。昔何平叔之解《论语》，记诸家之善，记其姓名；颜师古之注《汉书》，核古本之原，归其真正。矩矱斯同，于斯取譬（赵、周、许、俞、孙诸家，引用较多，省名称姓；二陈同姓，并举其名。别撰《笺疏引据诸家叙录》并《引用书目》，在《附录》卷二）。

六、《韩诗外传》成于汉初，其所采掇多周秦典籍，奥义古词，所在非一。今究讨原书，披寻本传，其有旧注可遵，咸为登录；其无旧注，或旧注疏舛难从，则略事补苴，别撰新释。又念郑注《易》《礼》，高解吕、刘，既详训诂，亦证音读。今于难字，颇注反切。故训多本《说文》，音读略准《广韵》。音训之作，不过欲令诘诎理顺，钮铝获安。譬之解结而佩觿，孰肯忘蹄于得兔？若曰壮夫不为，则唯览者自便。

七、先秦两汉之书，传闻谣谚，讽诵不独在竹帛。使事造词，率相师用。《笺疏》之作，不仅详其互见之文，亦就管窥所及，片语畸闻，皆究其根柢，穷其枝叶。凡有异同，不嫌比较。昔裴世期之注陈《志》，譬兼味于蜜蜂，李崇贤之证萧《选》，称弋钓于书部。巨细咸罗，事义兼释。虽曰未逮，窃有志焉。

八、《韩诗》为今文之学。《外传》虽曰取《春秋》，采杂说，咸非其本义（见《汉书·艺文志》），然其称引

《诗》篇，不独文字有异于毛、郑之本，解故推理，亦显然自成一家。今略本王应麟以来所考遗说，为之疏证。多取陈乔枞之说，以其合《外传》之文，以推韩义，较者家为备也。韩说无征，而毛郑诸家之说无悖于本传之义者，间亦采焉。本非释经之作，无取颛固为也。

九、《韩诗外传》之有佚文，自明焦竑始言之（见《焦氏笔乘续集》卷三）；董斯张因有世传《外传》非全书之说（见《吹景集》卷十二）。清代之治此书者，周、赵、二陈，皆于遗佚有所补辑（周书无佚文，周宗沅《校注拾遗跋》举佚文三条）。赵辑出于卢文弨（见《孙氏祠堂书目内编》卷一），比诸家为备。今综此数家，复有增益，别为《佚文》一卷，《存疑》《辨误》附焉。亦从《笺疏》之体，为之考论。取舍之故，序例详之。

十、《笺疏）写定，有关系此书，未能纳入，尚须讨论者，取为《附录》四种，定著四卷：一曰《参校诸本题记》，二曰《笺疏引据诸家叙录》（并《引用书目》），三曰《旧本序跋纂录》，四曰《前人评述辑要》。各有小序，明其义例。比之《别录》，同乎《后语》。不能省净，庶得会通云尔。

《笺疏》已开始写定，计全书约六十万字左右。不贤者识其小者，亦经学中《诗》学的一项不可缺少的工程吧。

十、孙诒让《周礼政要》

《王制》与《周礼》为经今古文学派所据以为礼制岐异的两个重要文献。其实都不是曾经实施过的制度，而不过是不同学派对于国家管理的一些理论和设想而已。《王制》经康有为托以为变法维新的依据，衍为小康、大同之说，至今犹有影响。《周礼》对于国家管理的理论和设想，其周密处过于《王制》，且与现代学说更为接近，以清季维新派尊奉今文，故无所发挥。及孙诒让治此经，除作《正义》外，又为《周礼政要》一书，始对《周礼》的国家管理学说，有所阐述。《周礼政要叙》云：

> 中国变法之议，权舆于甲午，而极盛于戊戌。盖诡变而中阻，政法未更，而中西新故之辩，舛驰异趣，已不胜其哗聒。夫政之至粗者，必协于群理之公，而通于万事之变。一切弗讲，而徒以中西新故画区畛以自隘，吾知其懵然一无所识也。中国开化四千年，而文明之盛，莫尚于周。故《周礼》一经，政法之精详，与今泰东西诸国所以致富强者，若合符契。然则华盛顿、拿坡仑、卢梭、斯密亚丹之伦所经营而讲贯，今人所指为西政之最新者，吾

二千年前之旧政，已发其端，吾政教不修，失其故步，而荐绅先生咸茫昧而莫知其原，是亦缀学者之耻也。辛丑夏，天子眷念时艰，重议更法，友人以余尝治《周礼》，属捃摭其与西政合者，甄缉之以备财择。此非欲标揭古经，以自张其虚骄而饰其窳败也，夫亦明中西新故之无异轨，俾迂固之士废然自反，无所腾其喙焉尔。书凡二卷，都四十篇，虽疏漏尚众，而大致略具。汉儒不云乎？为治不在多言，顾力行何如耳。诚更张今法，集我群力而行之不疑，则此四十篇者，以致富强而有余；其不能也，则虽人怀晁贾之策，户诵杜马之书，其于沦胥之痛，庸有救于毫秒乎？呜呼！世之论治者，可以鉴矣！光绪壬寅四月，籀庼居士书。（《籀庼述林》卷五）

孙诒让的见识比康有为高明（见《太炎文录》卷二《瑞安孙先生伤辞》），他对于《周礼》的借鉴作用，是有较为科学的认识的。

十一、黄以周论《礼经》及两戴记

黄以周《礼书通故》是贯通"三礼"的一部好书。其第一卷通论礼书，至为详备。惜其文繁，未能全录，

仅采其论《周礼》《仪礼》名义及大小戴《记》分合两条以为治《礼》者之助。其论《周礼》《仪礼》名义云:

孔颖达云:《周礼》见于经籍,其名异者有七处:《孝经说》云,《礼经》三百。一也。《礼器》云:《经礼》三百。二也。《中庸》云:《礼仪》三百。三也。《春秋说》云,《礼义》三百。四也。《礼说》云,有《正经》三百。五也。《周官》外题谓为《周礼》。六也。《汉·艺文志》云:《周官经》六篇。七也。七者皆云三百,故知俱是《周官》,《周官》三百六十,举成数,故云三百也。

《仪礼》之别,亦有七处,而有五名,一则《孝经说》《春秋说》及《中庸》并云:《威仪》三千。二则《礼器》云:《曲礼》三千。三则《礼说》云:《动仪》三千。四则谓为《仪礼》。五则《艺文志》谓《仪礼》为《礼古经》。凡此称谓,并承三千之下,故知即《仪礼》也。非谓篇有三千,但事之殊别,有三千条耳。或一篇一卷,则有数条之事。

朱熹云:《经礼》《威仪》,《礼器》作《经礼》《曲礼》,而《中庸》以《经礼》为《礼仪》。郑玄等皆曰《经礼》即《周礼》,《曲礼》即《仪礼》。独臣瓒曰:周礼三百,特官名耳。《经礼》谓冠昏吉凶，盖以《仪礼》为《经礼》也。而近世叶梦得曰：《经礼》，制之凡也。《曲礼》，文之目也。先王之世，二者皆藏书于有司。祭祀朝觐会同，则太史执之以涖事，小史读之以喻众；而卿大夫受之以教万民，保氏掌之以教国子者，亦此书也。

愚意《礼》篇三名，《礼器》为胜，诸儒之说，瓒、叶为长。盖《周礼》乃制治立法、设官分职之书，于天下无不该摄，礼典固在其中，而非专为礼说也。故《汉志》立其经传之目，但曰《周官》，而不曰《周礼》。自不应指其官目以当《礼》篇之目。又况其中或以一官兼掌众礼，或以数官通行一事，亦难计其官数以充《礼》篇之数。至于《仪礼》，则其中冠昏丧祭，燕射朝聘，自为《礼经》大目，亦不容专以《曲礼》名之也。又考《礼经》固今之《仪礼》，其存者十七篇，而其逸见于它书者，犹有《投壶》《奔丧》《迁庙》《衅庙》《中霤》等篇，《曲礼》则皆礼之微文小节，如今《曲礼》《少仪》《内则》《玉藻》《弟子职》篇所记。

以周案：古人于《仪礼》单曰《礼》，对《记》言则曰《经》，其中古文曰《古经》。《周礼》只曰《周官》，对《传》言曰《周官经》，《说文序》曰：其称《礼》《周官》，皆古文。《汉·艺文志》曰：

《礼古经》五十六篇，《经》十七篇，《周官经》六篇，《周官传》四篇。《景十三王传》曰：《周官》《尚书》《礼》《礼记》《孟子》《老子》之属，并未有《仪礼》、《周礼》之名。自刘歆始建立《周官经》以为《周礼》，于是《周官》有《周礼》之名，而十七篇之《礼》尚不称《仪礼》也。后人又误以《曲礼》三千为《礼经》，于是名《礼经》为《仪礼》。经义既缪，经名亦因之不正矣！《后汉·郑玄传》云：郑所注《周易》《尚书》《毛诗》《仪礼》《礼记》《论语》《孝经》。举郑所注书，不应遗《周官》，盖《仪礼》二字乃《周官》《礼》三字之误。非汉时有《仪礼》之名也。先君子（以周的父亲式三）曰：《中庸》礼仪三百，威仪三千。据《周官·肆师》注：古书礼仪作礼义。《左传》：民受天地之中以生，是以有动作礼义威仪之则。言人之动作，礼义三百，威仪三千，有法则也。以其为礼之大经曰《经礼》，以其为礼之大义曰《礼义》，其实一也。以其威可畏，仪可象，曰《威仪》，以其委曲繁重曰《曲礼》，实亦一也。《仪礼》十七篇之大纲，是谓《礼经》。其中曲礼，虽以凌次仲之《释例》，犹未尽其详也。《周官·冢宰》言六典之纲，是谓《礼经》，而九赋九式，未尝非《曲礼》。《大宗伯》言五礼之纲，是谓《礼经》，而《大行人·司仪》所言亦未尝非《曲礼》也。《戴记》如《冠义》《昏义》《乡饮酒义》《燕义》《射义》《聘义》，凡以义名者，古之所谓礼义，遗篇犹在，即为《礼经》，而其中言拜揖之仪、俎豆之数，非无《曲礼》。《少仪》《内则》《玉藻》，统言之皆为《曲礼》，而任翼圣分《内则》《少仪》《玉藻》为明伦之纲，《曲礼上》为敬身之纲，亦非无《礼经》也。诸书有经、有曲，读者善会之。或谓《礼经》为常，《曲礼》为变，尤谬！

又论大小戴《礼记》的关系说：

《释文叙录》云：陈邵云：大戴删《古礼》二百四篇为八十五篇，谓之《大戴礼》。戴圣删《大戴礼》为四十九篇，是为《小戴礼》。隋《经籍志》云：《记》百三十一篇，刘向校得百三十篇，又得《明堂阴阳记》三十三篇，《孔子三朝记》七篇，《王史氏记》二十一篇，《乐记》二十三篇，凡五种合二百十四篇。戴德删其繁重，合为八十五篇，谓之《大戴记》，而戴圣又删大戴之书为四十六篇，谓之《小戴记》，汉末马融传小戴之学，又足《月令》

一篇,《明堂位》一篇,《乐记》一篇,合四十九篇。

以周案:晋陈邵《周礼论序》,语皆失实。《汉志》:《记》百三十一篇、《明堂阴阳》三十三篇,《王史氏》二十一篇,盖古文也。大小戴所采记,今文为多。《大戴记》之存者,于《汉志》礼家诸记外,又取儒家《曾子》十八篇,存其十篇。《孙卿子》三十三篇,存其《问五义》《三本》《劝学》《宥座》数篇。《贾子》五十八篇,存其《保傅》诸篇。又取《论语》家《孔子三朝记》七篇。《小戴记》《奔丧》《投壶》诸篇,取诸《古礼经》。《乡饮酒义》《冠义》《昏义》《射义》《燕义》《聘义》,取诸《古礼记》。《三年问》《哀公问》诸篇,取诸《荀子》。又取儒家《子思子》二十三篇,存其《中庸》《表记》《坊记》《缁衣》四篇。取公孙尼子《乐记》二十三篇,存其十一,合为一篇。陈邵二百四篇,据刘向《别录》为言,其实二戴所取,不专在二百四篇中也。作《隋书》者改为二百十四篇,又以五种实有二百十五篇,遂谓《记》百三十一篇,刘向校得百三十篇,以合其数,误。杜氏《通典》又改《明堂阴阳记》为二十二篇,《王史记》为二十篇,总二百二篇,更误。

又考《乐记》孔疏云:按《别录》,《礼记》四十篇,《乐记》第十九。则《乐记》入《礼记》在刘向前,而四十九篇实为《小戴》之旧目矣。《后汉·桥玄传》云:七世祖仁从戴德学,著《礼记章句》四十九篇,成帝时为大鸿胪。戴德当作戴圣。汉《儒林传》曰:小戴授梁人桥仁、扬荣,家世传业。由是小戴有桥、扬之学。刘向校书秘府,与桥仁同时,所见篇目已为四十九,不待融足甚明。《隋志》欲以《小戴》所录,补《大戴》阙篇,尚多三篇,故以《月令》《明堂》《乐记》归之融入,以合其数。其实小戴之《记》,未必俱取大戴,戴东原、孔㭕轩已详辨之。

窃考《诗·汾沮洳正义》引《大戴礼·辨名记》,《灵台正义》引《大戴礼·正穆篇》,《玉海》载沈约《谥法》十卷,《序》引《大戴礼》有《谥法》,《白虎通义》引《辨名记》曰《礼·别名记》,引《谥法》曰《礼记·谥法》,所云《礼》,皆据《大戴礼》为文,又别引《礼·三正记》,《礼·五帝记》,《礼·亲属记》,其亦为《大戴礼记》可知也。则《大戴》亡佚之篇非一同《小戴》,而《隋书》欲以《小戴》之四十六篇补其阙数,不亦诬乎?今《大戴记》三十八篇已上皆亡。中又阙四十三、四十四、四十五、六十一四篇,及八十二以后四篇,凡存三十九篇，其《大戴》篇第宜依司马贞所见本为定，凡存三十八篇。《史记索隐》云：《大戴礼》合八十五篇，其四十七篇亡，见今存者有三十八篇。钱竹汀谓唐以前《盛德》《明堂》不分为二，《迁庙》《衅庙》亦合为一。此说是也。

自宋以后，分审篇第，于是有后出之本有四十篇之说。晁昭德云：今书四十篇，中有两七十四。陈振孙云：七十二复出一篇，实存四十篇。熊朋来、吴幼清皆云：七十三有二，总四十篇。所见本各不同。《小戴》四十九篇，郑渔仲谓即《后苍曲台记》，误。毛大可谓《仪礼》是《戴记》，四十九篇不是《戴记》，更谬。

十二、《大戴记》的被重视

三礼之学是清儒朴学的一个重要内容。《周礼》有孙诒让的《正义》，是博大精深的一部新疏。《仪礼》有胡培翚的《正义》，也达到了超越旧疏的水平。唯《礼记》既是兼今古文学派著述汇萃的一部巨著，又兼有礼、乐古著内容，且通论、曲礼，兼容并包。但是清儒新疏中却没有一部较好的著述。孙希旦的《集解》，朱彬的《集释》，都是不够格的。要写出一部超过孔颖达的新疏，其犹有待。倒是《大戴礼记》既有孔广森的《补注》，而王树枏又加以《校正》，孙诒让复为《大戴礼记斠补》，其《序》讲此书的整理传授经过，至为详实，今迻录于此，以为治《礼》者参考：

《礼大戴记》汉时与《小戴》同立学官，义恉闳邃，符契无间。而《小戴》诵习二千年，昭然如揭日月，太傅《礼》乃残帙仅存，不绝若线，缀学者几不能举其篇目，何其隐显之殊绝与？

综而论之，二君咸最集古记，捃采极博。《大戴》虽残阙，而先秦遗籍，犹多存者。如《三朝记》为洙泗微言；《曾子》十篇，义尤纯粹，与子思《中庸》、公孙龙子《坊记》《缁衣》相拟；而《天圆》《易本命》诸篇，究极天人，致为精眇。近儒多援四角不揜之难以证地圆，余谓《小正》实有夏遗典，所出最古，其'三月参则伏'传云：星无时而不见，我有不见之时，故云伏。其于地圆之理，盖尤明辨晢矣。

二《记》原流，刘氏《七略》，班氏《儒林传》所论略备。原其师授，咸本高堂生。而张稚让《进广雅表》说《尔雅》云：爰暨帝刘，鲁人叔孙通撰置《礼记》，文不违古。然则汉初撰集《礼记》，稷嗣实为首出导师，而高堂、后苍，咸在其后。故《大戴》旧本，亦兼述雅训。《白虎通义》引《礼·亲属记》即其遗文。是则《大戴》师承既远，综览尤博，斯其左验矣。

自马郑诂《礼》唯释《小戴》，隋唐义疏家复专尚北海，八十五篇之《记》，遂无完书。今所存三十九篇为十三卷者，不审始于何时。东原戴氏据隋《经籍志》谓《小戴》删《大戴》为四十六篇，与今《大戴》阙篇适合，证隋时传本已如是。然《经典释文叙录》引晋陈邵《周礼论序》，先发此论，复谬悠，然可证彼时所传已与今同。若然，此《记》完本，殆亡于永嘉之乱乎？唐以后卢注亦阙大半，宋时虽称十四经，而自傅崧卿、杨简、王应麟诸家外，津逮殊尠。近代通人，始多治此学。而孔氏《补注》，最为善本。余昔尝就孔本研读，又尝得宝应刘楚桢年丈宝楠所录乾嘉经儒旧斠，多孙渊如、丁小雅、严九能、许周生诸家手记，又有赵雩门所斠残宋椠异文，与孔书小殊，并录于册耑，藏箧廿年，未遑理董也。己亥冬，既写定《周书斠补》，复取《大戴》校本别付写官，以刘录旧斠，传抄甚稀，虑其零落，并删定著之。

犹忆同治癸酉，侍先太仆君在江宁时，余方草创《周礼疏》，而楚桢丈子叔俛孝廉恭冕，适在书局刊补《论语正义》亦甫成，时相过从，商榷经义。偶出《大戴》斠本示余，手录归之。叔俛喜曰：此本世无副迻，唯尝写寄绩溪胡子继教授培系，今子又录之，大江以南，遂有三本，可不至湮坠矣！又云：胡君为《大戴义疏》，方缀缉长编甚富，倘竟其业，诸家精论，必苞综无遗，它日当与《周礼疏》并行。但恐其书猝不易成耳。未几，余从先君子至皖，而胡君适为太平教授，曾一通问，未得读其所著书也。比余归里不数年，闻刘、胡两君相继物故。嗣胡君族子练溪太守元洁守温州，余从问君遗著，略述一二，而询以《大戴礼疏》，则殊不了，殆未成也。子胜斐然，中道废辍，刘君之语，不幸中矣！今者甄录诸家旧斠，亦以答刘君相示之意，而深惜胡疏之不得观其成。旧学日稀，大业未究，迻写之馀，所谓抚卷增喟者也。至此册识误匡违，米盐凌杂，聊为治此经者识小之助。于礼经大义，概乎其未有闻。窃念海内闳达，倘有踵胡君而为义疏者，或有取于是。冲远之博采皇熊，抟约之兼征卢戴，是则不佞所睎望于方来尔。光绪廿五年十二月。

孙书今已流播，而集卢戴孔孙诸家之说而为义疏，则犹有待也。

十三、廖平对今古经学多持平之论

廖平为经今文学派的大师，但是他对于古今两派多持平之论，《今古学考》卷下的《经话》说：

> 今学《礼》，汉以前有《孟》《荀》《墨》《韩》可考；古学则《国语》《周书》外，引用者不少。汉初，燕赵之书不盛传，贾、张以外，少所引用，然不能谓其出于晚近也。

又说：

> 《周礼》之书，疑是燕赵人在六国时因周礼不存，据己意，采简册，摹仿为之者。其先后大约与《左传》《毛诗》同。非周初之书也。何以言之？其所言之制，与《尚书》典礼不合，又与秦以前子书不同，且《孟子》言诸侯恶其害己，而去其籍。无缘当时复有如此巨帙流传，故予以为当时博雅君子所作，以与《王制》相异，亦如《左传》之意。其书不为今学所重，故《荀》《孟》皆不引用。其中

礼制与《左传》不同，必非一人之作。但不识二书
孰在前，孰在后，孰为主，孰为宾也。

又说：

史公不见《左传》，则天汉以前，固无其书。然
《前汉·儒林传》谓张苍、贾谊传《左传》学，为
作训解。《艺文志》无其书。则其说亦误袭古学家
言也。

按：《国语》早出，而《左传》晚兴。张贾所
见，皆为《国语》。因其为左氏所辑，言皆记事，与
虞氏、吕氏同有《春秋》之名，其称《左氏春秋》
者，即谓《国语》，不谓《左传》。《左传》既出之
后，因其全祖《国语》，遂冒左氏名，为《左氏
传》。又以其传《春秋》，遂混《左氏春秋》之名。
后人间传《左氏春秋》，不以为《国语》，而以为
《左传》，遂谓张贾皆习《左传》，此共冒名混实之
听由也。使当时有《左传》以传经，又有师说，张
贾贵显，何不求立学官？纵不立学官，何以刘子骏
之前，无一人见之？太史公博极群书，只据《国
语》，刘子骏《移太常书》只云：庸生等与同。不云
其书先见。班书又云：歆校书见《左传》而好之。

是歆未校书以前，不见《左传》也。观此则张贾不习《左传》，明矣。

前亦颇疑《左传》为河间人所伪造，有数事可以证其为先秦之书者：其书体大思精，鸿篇巨帙，汉人无此才。一也。刘子骏为汉人好古之最，犹不能得其意旨所在，则必非近作。二也。使果一人所为，则既成此书，必不忍弃置，且积久乃成，书刀不易，亦必有人治其学，传其事，书成以后，不授学者，而以全部送之秘府，又无别本，使非刘子骏，将与古文《尚书》同亡，至重不忍轻弃。三也。《曲礼》出在汉初，已为传记，则原书必不在文景之后。四也。西汉今学盛，使果西汉人作，必依附二家，不敢如此立异。五也。以旧说论之，驳左者谓成于建始，则不若是之迟；尊左者谓出于汉初，则不若是之早。能知迟早成出之原，则庶乎可与谈《左》学矣。

廖平歧视古文学派的两部大著作《周礼》与《左传》，其立场是坚定的。但是，他并没有随意给这两部大著作扣上什么"新学""伪经"的大帽子。康有为窃取了廖平之说，又出于他维新变法的政治需要，于是大骂刘歆，说他讲的不是汉学而是"新学"（因为刘歆在政治上依附了王莽），而他借王莽的政治力量使之立于学官的《周礼》与《左传》是"伪经"。康有为这样信口胡言，有他的政治目的，他那种政治尽管是改良主义，但在历史上还有它一定的进步作用，这我们可以理解他。但是，现在还有人拾康有为的唾余，大讲刘歆伪造《左传》，那就只能是哗众取宠，所谓"攻难之士，求名而不得"的学术掮客了！这种转贩、攘窃行为，是为治经者所不取的。

十四、俞正燮《春秋左传书式考》

古经和传，本是各自单行的。《易》的《象》《彖》传附上下《经》，在前文已经谈到。《春秋左氏传》也有这个问题。俞正燮《癸巳类稿》卷二有《春秋左传书式考》一篇，论此事最详。他说：

《汉书·艺文志》云：《春秋古经》十二篇，《左氏传》三十卷。此官书就所得《经》《传》各本也。其《经》十一卷，则两家立学官书，与《左氏》无涉。《儒林传》云：贾谊为《左氏传训故》。又云：平帝时立《左氏春秋》。《楚元王传》云：初《左氏传》多古字古言，学者传训故而已。及歆治

《左氏》，引《传》文以解经，转相发明，由是章句义理备焉。是今《传》附《经》三十卷本，非西汉官本，乃刘歆引《传》解《经》本也。《后汉书》云：贾逵父徽，受业于歆，逵传父业。《南齐书·陆澄传》云：澄谓王俭曰：泰元取服虔而兼取贾逵《经》者，服《传》无《经》，虽在注中，而《传》又有无《经》者故也。今留服去贾，则《经》有所阙。是贾氏得刘本，亦《传》附《经》也。今杜本十八卷，襄公二十有六年《经》前之《传》注云：当继前年之末，而特跳此者，传写失之。是杜预用旧本《传》附《经》。又此条《传》居十八卷首，讥其失不改也。杜言分《经》之年与《传》之年相附，随而解之，名曰《经传集解》。《正义》云：言集《经》《传》解之，与他名《集解》者名同实异。《正义》之说非是。杜谓集古刘贾许颍之不违者，以其解随经年传年先后相附。先见《传》者，则《经》不注；先见《经》者，则《传》不注，故名《经传集解》，不名《集经传解》也。以《汉志》、传及杜十八卷首注言之，知合《经》《传》及分卷皆刘歆、贾逵旧式。惟服虔为《左传》单行本。

这里说明《春秋经》与《左传》合，不是杜预所为，而是刘歆、贾逵旧式。对于《春秋左氏传》的原貌，是讲述得很清楚的。

十五、文集中有经学

《颜氏家训·勉学篇》说：

> 俗间儒士，不涉群书，经纬之外，义疏而已。吾初入邺，与博陵崔文彦交游，尝说《王粲集》中难郑玄《尚书》事。崔转为诸儒道之。始将发口，悬见排蹙，云：文集只有诗赋铭诔，岂当论经书事乎？且先儒之中，未闻有王粲也。崔笑而退，竟不以《粲集》示之。

> 魏收之在议曹，与诸博士议宗庙事，引据《汉书》。博士笑曰：未闻《汉书》得证经术。收便忿怒，都不复言，取《韦玄成传》掷之而起。博士一夜共披寻之，达明，乃来谢曰："不谓玄成如此学也。"

这里所举的两事例都说明俗儒眼光狭隘，不读群书。其实经学材料散见于群书者，何止这些。刘知几和司马贞争论《孝经注》是否出于郑玄事，其文即见《文苑英华》卷七百六十六。俗儒闻《文苑英华》有经学史料，亦恐将有掩耳以为怪事者。关于郑注真伪问题，严可均《孝经郑注考》辨之最明，他说，郑玄注《孝经》在前，注三礼在后，故有前后见解不完全相同之处。此文在《铁桥漫稿》卷四中，《铁桥漫稿》也即是俗儒认为"只有诗赋"的文集。不读群书即谈不上经学，举此可以佐证颜之推之说。

十六、汉人都读《孝经》

《汉书·霍光传》载霍光用皇太后的诏废昌邑王贺，"光令王起拜受诏。王曰：闻天子有争臣七人，虽亡道，不失天下。光曰：皇太后诏废，安得天子！"这一段记载写得十分生动。昌邑王引用的正是《孝经·谏诤章》里的话。这可以证明，汉人都是熟读《孝经》的。连荒淫无道的昌邑王贺也不例外。而且这句话很有道理，说昌邑王贺的荒谬行为，霍光本人不劝谏，也有责任。霍光的回答之语，只能搬起皇太后诏，实在狼狈不堪。说明他在读书这一点上，并不如昌邑王。后来他说："公卿大臣当用有经术明于大谊者。"（见《隽不疑传》，此据《通鉴》卷二十四订正）这就是他内疚的自白。

十七、半部《论语》治天下

《宋史·赵普传》："普少习吏事，寡学术。及为相，太祖常劝以读书。晚年手不释卷。每归私第，阖户发箧。视之，则《论语》二十篇也。"又"论曰：家人见其断国大议，闭户观书，取决方策。他日窃视，乃《鲁论》耳。"《鹤林玉露》乙编卷一《论语》条云：

> 杜少陵诗云：小儿学问止《论语》，大儿结束随商贾（《最能行》）。盖以《论语》为儿童之书也。赵普再相，人言：普，山东人，所读者止《论语》。盖亦少陵之说也。太宗尝以此语问普。普略不隐，对曰：臣平生所知，诚不出此。普以其半辅太祖定天下，今欲以其半辅陛下致太平。普之相业，固未能无愧于《论语》，而其言则天下之至言也。朱文公曰：某少时读《论语》便知爱，自后求一书似此者卒无有。

章炳麟说："《论语》所说，理关盛衰。赵普称半部治天下，非尽唐大无验之谈。"（《菿汉微言》）《朱子语类》卷十九说："《语》《孟》工夫少，得效多；六经工夫多，得效少。"从上面举的这些故事和议论看，都可以说明治经学宜先从《论语》入手。

十八、朱熹谈《论语》《孟子》

朱熹是在《论语》和《孟子》上下了很大工夫的。他说：

> 《孟子》要熟读，《论语》却费思索。《孟子》熟读易见，盖缘是它有许多答问发扬。

又说：

> 人有言：理会得《论语》，便是孔子；理会得七篇，便是孟子。子细看，亦是如此。盖《论语》中言语，真能穷究极其纤悉，无不透彻，如从孔子肚里穿过，孔子肝肺尽知了，岂不是孔子！七篇中言语，真能穷究透彻无一不尽，如从孟子肚里穿过，孟子肝肺尽知了，岂不是孟子！

又说：

　　孔子之言多是泛说做工夫，如居处恭，执事敬，言忠信，行笃敬之类，未说此是要理会甚么物。待学者多做事工夫透彻，却就其中见得体段是如此。至孟子，则恐人不理会得，又蓦进一著说，如恻隐之心与学问之道，求放心之类，说得渐渐亲切。今人将孔孟之言都只恁地草率看过了。

又说：

　　问：《论语》一书未尝说一心字。至孟子，只管拈人心字说来说去：曰推是心，曰求放心，曰尽心，曰赤子之心，曰存心。莫是孔门学者自知理会个心，故不待圣人苦口；到孟子时，世变既远，人才渐渐不如古，故孟子极力与言，要他从个本原处理会否？

　　曰：孔门虽不曾说心，然答弟子问仁处，非理会心而何？仁即心也。但当时不说个心字耳。此处当自思之，亦未是大疑处。

又说：

　　或问：孟子说仁字，义甚分明；孔子都不曾分晓说，是如何？

曰，孔子未尝不说，只是公自不会看耳。譬诸
今沙糖，孟子但说糖味甜耳。孔子虽不如此说，却
只将糖与人吃，人若肯吃，则其味之甜，自不待说
而知也。

又说：

《论语》多门弟子所集，故言语时有长长短短不
类处。《孟子》，疑自著之书，故首尾文字一体，无
些子瑕疵。不是自下手，安得如此！若是门弟子集，
则其人亦甚高。不可谓轲死不传。

（以上并见《朱子语类》卷十九）这些话对于研治
《语》《孟》，都很有启发性。

十九、汪中《大学平议》

宋儒从《礼记》中取出《大学》《中庸》二篇，与
《论语》《孟子》相配，称为《四书》。《中庸》为子思所
作，已见郑玄《三礼目录》。《汉书·艺文志》即有《中
庸说》单行。宋散骑常侍戴颙作《礼记中庸传》二卷
（颙字仲若，见《宋书·隐逸传》），梁武帝作《中庸讲

疏》一卷，皆见《隋书·经籍志》。是则此书为子思所作，并早已单行，悉无问题。唯《大学》宋儒以为曾子述孔子之言，并区分为《经》一章、《传》十章，则毫无依据。段玉裁《戴东原先生年谱》在雍正十年戴震十岁时记：

> 先生是年乃能言，盖聪明蕴蓄者深矣。就傅读书，过目成诵，日数千言不肯休。授《大学章句》至右经一章以下，问塾师：此何以知为孔子之言而曾子述之？又何以知为曾子之意而门人记之？师应之曰：此朱文公所说。即问：朱文公何时人？曰：宋朝人。孔子、曾子何时人？曰：周朝人。周朝、宋朝相去几何时矣？曰：几二千年矣。然则朱文公何以知然？师无以应。曰：此非常儿也！（此事又见《汉学师承记》卷五《戴震传》）

戴震的这一问题，是提得十分尖锐的。汪中有《大学平议》一篇，阐论这个问题，谈得比较全面，今迻录如下：

> 《大学》其文平正无疵，与《坊记》《表记》《缁衣》伯仲，为七十子后学者所记，于孔氏为支流

余裔，师师相传，不言出自曾子。视《曾子问》《曾子立事》诸篇，非其伦也！宋世禅学盛行，士君子入之既深，遂以被诸孔子。是故求之经典，为《大学》之格物致知可与傅合，而未能畅其旨也，一以为误，一以为缺。举平日之所心得者，著之于书，以为本义固然，然后欲俯则俯，欲仰则仰，而莫之违矣。习非胜是，一国皆狂。即有特识之士，发瘝于心，止于更定其文，以与之争，则亦不思之过也。诚知其为儒家之绪言，记《礼》者之通论，孔门设教，初未尝以为至德要道，而使人必出于其途，则无能置其口矣。

周秦古书，凡一篇述数事，则必先详其目，而后备言之。其在《逸周书》《管子》《韩非子》至多。本书《祭统》之十伦，《孔子闲居》之五至三无，皆是也。今定为《经》《传》，以为二人之辞，而首末相应，实出一口。殆非所以解经也。意者不托之孔子，则其道不尊，而中引曾子，则又不便。于事必如是而后安尔。门人记孔子之言必称子曰、子言之、孔子曰、夫子之言曰以显之。今《大学》不著何人之言，以为孔子，义无听据。

孔子曰：中人以上，可以语上也；中人以下，不可以语上也。明乎教非一术，必因乎其人也。其见《论语》者，问仁问政，所答无一同者。闻斯行诸，判然相反。此其所以为孔门也。标《大学》以为纲，而驱天下从之，此宋以后门户之争，孔氏不然也。宋儒既借《大学》以行其说，虑其孤立无辅，则牵引《中庸》以配之。然曾子受业于孔门，而子思则其孙也。今以次于《论语》之前，无乃颠乎？盖欲其说先入乎人心，使之合同而化，然后变易孔氏之义，而莫之非，所以善用其术，而名分不能顾也。（《述学·补遗》）

对《大学》怎样研究评价，这是经学上可以讨论的问题。但把它定为曾子所述，而且认为有《经》有《传》，又把它肯定为"初学入德之门"：这些不附合科学的作法；我是赞成戴、汪两氏之说，予以驳斥的。

二十、《尔雅》重农

《尔雅》并非语言专书，上文已有所论列。今案《尔雅》凡《释诂》以下三篇四卷为语言训诂，即以四卷而论，也不过占全书二十卷的百分之二十而已。《释草》《释木》《释虫》《释鱼》、《释鸟》《释兽》《释畜》凡七目，皆与生物有关，占全书的百分之三十五，可以见其比重。生物则与农业有关。若加上《释地》《释丘》《释山》《释水》，也莫不关系农业，则凡十一篇，占全书的百分之五十五。可以见其分量矣。中国古代以农立国，如果说农业科学也应从中国实际出发，考虑中国特色，则《尔雅》实为必读的一部要籍。孙诒让有《与友人论动物学书》，载在《籀庼述林》卷十。所论颇有分际，若谓近代知识分子注意这一问题，则孙诒让可以算是一个代表人物。可惜这篇文章太长，无法收录。但他中间说："惜西人于中国古籍，尟能淹贯，不能稽其异同。"他自述说："不佞谫陋，间就译册研涉一二，尝取其说与中籍互相推校，颇多符合。"这种比较研究的精神，实在是迫切地需要推广到这一类书中来。

二十一、王昶跋《礼器碑》谈谶纬

关于谶纬之说，上文《分论》中专立一章，并引刘师培《谶纬论》。今案：后汉桓帝永寿二年（156 年）建立在山东曲阜孔庙的《韩敕造孔庙礼器碑》，文中用谶纬之说甚多，诸家题跋，论及者不少。此碑文载在《金石萃编》卷九，王昶有一段较长的跋语，论谶纬颇有独到的见解，现在录载于此：

按谶之作，其来已久。《隋书·经籍志》云：《河图》《洛书》以纪易代之征，其理幽昧，究极神道。先王恐其惑人，秘而不传。说者又云：孔子既叙《六经》，别立谶纬，以遗来世。其书出于前汉，有《河图》九篇，《洛书》六篇，云自黄帝至周文王所受本文。又别有三十篇，云自周初至于孔子九圣之所增演，以广其意。又有《七经纬》三十六篇，并云孔子所作云云。考公羊子高受经于子夏，其传《春秋》，多舍《左传》而从《春秋说》，文见于何休注者甚众。则其书传自孔门弟子无疑。其以为出于汉初及起于西汉哀平之世者，皆非也。

纬书中间，有事涉迂缪及后世之事，疑皆妄人附益，而以之参验《六经》，殊足以资闻见。故太史公撰《五帝本纪》，于《世本》《国语》《三传》之外，兼采及之。孟喜注《易》"七日来复"，谓卦气起中孚，则用《易纬稽览图》；贾逵注《左传》"九丘"，称孔子作《春秋》立素王之法，则用《春秋纬》；赵岐注《孟子》，论《尚书》百二十篇，则用《春秋说题辞》；论命有三名，则用《孝经援神契》；许慎撰《说文解字》，引孔子云：推十合一为士，禾入水为黍，则用《元命包》；引子欲居九夷从凤嬉，则用《论语摘衰圣》；而郑康成《礼注》《诗笺》二书，取纬书以资发明者，尤不胜举；且郑于《河图》《易纬》《尚书纬》《尚书中候》《礼纬》《礼记默房》，并为之注。可见纬与经实相表里，不为大儒所弃如此。汉时且诏东平王苍正《五经章句》，皆命从谶。

朱氏彝尊谓终东汉之世以通七纬者为内学，通五经者为外学。其见于范史无论。谢承《后汉书》称姚浚尤明图纬秘奥；又称姜肱博通五经，兼明星纬。载稽之碑碣：于有道先生郭泰则云：考览六经，探综图纬。于太傅胡广则云：探孔子之房奥。于琅邪王傅蔡朗则云：包洞典籍，刊摘沉秘。于大鸿胪李休则云：既综七籍，又精群纬。于国三老袁良则云：亲执经纬，矍括在手。于太尉杨震则云：明河洛纬度，穷神知变。于山阳太守祝睦则云：七典并立。又云：该洞七典，探赜穷神。于成赐令唐扶则云：综纬河洛，吐嚼七经。于酸枣令刘熊则云：敦五经之纬图，兼古业，核其妙，七业勃然而兴。于高阳令杨著则云：穷七道之奥。于郃阳令曹全则云：甄极毖纬，靡文不综。于薁长蔡湛则云：少耽七典。于从事武梁则云：兼通河洛。于冀州从事张表则云：该览群纬，靡不究穷。于广汉属国都尉丁鲂则云：兼究秘纬。于广汉属国侯李翊则云：通经综纬。至于颂孔子之圣，称其钩河摘洛。盖当时之论，咸以内学为重，及昭烈即位，群臣劝进，广引《洛书》《孝经纬》文。萧绮所云"谶辞烦于汉末"，不诬也。

昶案：唐制四部图籍，甲部为经，其类有十。九曰图纬，以纪六经谶候。故唐儒撰群经《正义》，亦知遵信谶纬。而《艺文类聚》《北堂书钞》、《初学记》、《白孔六帖》诸类书，征引尤夥。盖自汉以来，博古之士，多喜习之。即有不能深信者，亦未竟斥为异端。自欧阳氏有《论九经请删除正义中谶纬札子》，而魏了翁作《九经正义》，尽削去之。自是厥后，学者同声附和，而纬书遂致散佚，仅有存者，良可叹惜也。

夫谶纬中荒渺不经，本所难免。且其记述，兼及三代以上帝王受命发祥制作之事，后人目不见上古之书，无从辨其是非。辄生訾毁，固无足怪。然即纬书之文证之《六经》，亦无大异。今试比而论之：纬言伏羲氏有天下，龙马负图出于河（《尚书中候握河纪》）。黄帝出游洛水之上，见大鱼醮之，鱼流于海，始得图书（《河图帝视萌》）。苍颉皇帝南巡元扈洛汭之水，灵龟负书以授之（《河图玉版》）。尧沉璧于河，元龟负书止坛，舜沉璧于清河，黄龙负图出水（并《握河纪》）。禹长于地理水泉九州，得括地象（《尚书刑德放》）。汤观于洛，沉璧而黑龟与之书（《中候洛子命》）。武王观于洛，沉璧，礼毕，青龙临坛，衔元甲之图，吐之而去。元龟负图出洛，周公援笔，以时文写之（并《握河纪》）。皆与《易》"河出图，洛出书，天垂象，圣人则之"、《书》"天乃锡禹洪范九畴"之义合。天人感应，理固有之。而云：伏羲德洽上下，天应之以鸟兽文章，地应之以龟书，乃作《易》（《礼含文嘉》）。奎主文章，苍颉效象洛书，曜书丹青，垂萌文字（《援神契》）。又与《易》论"伏羲画卦，取象天文地理人伦鸟兽"之语，悉悉相符也。纬言轩辕氏麒麟在囿，凤皇来仪，尧即政七年，凤皇止庭，巢阿阁欢树，伯禹拜曰：黄帝轩提象凤皇巢阿阁（并《中候》）。舜受终，凤皇仪，黄龙感（《洛书灵淮听》）。周公作乐而治，蓂荚生（《中候》）。非即《书》"击石拊石，凤皇来仪"，《国语》"鸑鷟鸣于岐山"，《礼记》"四灵为畜"之事乎？纬言禹授启，握元圭，刻曰延喜之玉，受德，天赐之佩（《尚书璇玑钤》）。非即禹锡元圭之事乎？纬言禹将受位，天意大变，迅风雷雨，以明将去虞而适夏《乐稽耀嘉》）。非即《书》"烈风雷雨"、"天大雷电以风"之类乎？纬言大节出雷泽，华胥履之生伏羲（《诗含神雾》）。少典妃安登游于华阳，有神龙首，感之于常羊，生神农（《元命包》）。附宝出降，大雷，生帝轩（《孝经钩命决》）。大节如虹，下流华渚，女节梦意，感生朱宣（《元命包》）。瑶光之星如蜺贯日，感女枢于幽房之宫，生黑帝颛顼（《河图》）。天大雷电，有血流润大石之中，生尧母庆都，有赤龙负图，与庆都意感，有娠生尧（《春秋合诚图》）。握登见大虹，意感生舜（《含神雾》）。修己山行，见流星，意感栗然，生姒戎文禹（《尚书帝命验》）。扶始升高丘，睹白虎上有云如虎之状，感己生皋陶（《元命包》）。扶都见白气贯月，感生黑帝汤。太任梦长人感己，生文王（并《含神雾》）。即《诗》"天命玄鸟，降而生商"，"履帝武敏歆"之类。而云尧母萌之，元云入户，蛟龙守门（《易坤灵图》）。尧母蔑食不饥，常若有神随之者（《合诚图》）。亦与后稷"鸟覆翼之，牛羊腓字之"，事绝相似也。纬言伏羲日角连衡珠（《援神契》）。黑帝修颈，黄帝兑颐（并《论语摘辅象》）。苍颉四目（《演孔图》）。轩辕骈干（《元命包》）。帝喾骈齿（《河图矩起》）。尧眉八彩（《元命包》）。舜目四童（《演孔图》）。禹耳三漏，皋陶马喙，汤臂三肘（并《礼说》）。伊尹面赤色而髯（《春秋考异邮》）。文王四乳，武王望

羊，周公背偻（并《礼说》）。非即《左传》文公骈
胁，成公黑臀，樾椒蜂目豺声之类乎？纬言神农生
而能言，五日而能行，七朝而齿具，三岁而知稼穑
般戏之事（《元命包》）。附宝生轩，胸文曰黄帝子
（《河图握拒》）。苍帝生而能书（《元命包》）。非即
《左传》周灵王生而有髭、鲁夫人季友生有手文之事
乎？纬言燧人四佐、伏羲六佐、黄帝七辅（《摘辅
象》）。即《论语》《春秋内外传》舜五人、文王四
友、武王十乱之类。而风后、天老、五圣、知命、
窥纪、地典、力墨、七辅等名，学者以经传无可证，
斥为伪托，则《书》云：朱虎熊罴，殳斨伯与，
《诗》云：皇父仲允，番聚蹶楀，诸臣亦不见于经
传，而从无人议之者，又何说也？纬言五岳吐精生
圣人（《钩命决》）。非即《诗》"维岳降神，生甫及
申"之事乎？纬言尧受图书，已有稷名在篆（《中候
苗兴》）。尧梦白虎遗吾马喙子，举皋陶为大理
（《元命包》）。文王梦田获熊而得太公望（《中候洛
师谋》）。朱雀衔丹书入节止，昌再拜稽首，至于磻
溪之水，吕尚钓涯下，王下趣拜曰：公望七年，乃
见光景于斯。非即《书》高宗梦赉良弼，说筑傅岩
维肖之类乎？纬言孔子夜梦乌儿捶麟伤其前左足，
束薪而覆之。孔子发薪下麟视之。麟蒙其耳，吐书

三卷，孔子精而读之（《援神契》）。非即孔子梦奠两楹之类乎？纬言颛顼氏有三子，生而亡去，一为疫鬼，一为疟鬼，一为小鬼。非即《左传》实沈台骀为祟，黄熊入于羽渊，伯有为厉之类乎？纬又言太子发渡河中，火流为乌，其色赤（《帝命验》《中候合符后》），武王得兵钤，谋东观，白鱼入舟，俯取鱼以燎（《璇玑钤》）。按赤乌、白鱼二事，即今文《泰誓》之文，具见《史记》，《古文尚书》既不足信，将因纬书而并疑今文，可乎？且也，五帝之称，始于三礼，而纬书详五帝灵威仰、赤熛怒、含枢纽、白招拒、汁光纪五名，与《尔雅》所载青阳、朱明、白藏、元英诸目何异？西王母之名始于《尔雅》，而纬书述西王母于大荒之国，得益地图，献之于舜（《帝命验》）。正合四荒之义，且与空同、丹穴、太平、大蒙诸国，均无经文可证也。纬又言天皇九翼（《河图括地象》），人皇九头（《命历序》），及穿胸、儋耳之国（《论语撰考谶》）。从昆仑以北九万里，得龙伯国，人长三十丈，以东得大秦国，人长十丈，又以东十万里得中秦国，人长一丈（《河图龙文》）。蚩尤兄弟八十一人，并兽身人语，铜头铁额（《尤鱼河图》）。北东极有人长九寸（《含神雾》）。北极下有一脚人（《玉版》）。核之《春秋三传》，侨如梦如兄弟，佚宕中国及《国语》防风氏骨节专车之说，是上古退陬，奇怪之事，亦圣贤所乐道，而《尔雅》记鲽鳒、印虒、迭食、迭望诸异，亦皆当时中国所无，何以言之甚悉？今比目鱼海滨多有之，则其三者，皆可确信。既信比肩之民，则穿胸儋耳，何独疑之？即其所言后世事，如"祖龙来，天宝开"（《尚书考灵曜》、《河图天灵》）。"卯金刀，名为刘，中国东南出荆州，亦帝后，次代周"（《演孔图》），"帝刘之秀，九名之世，帝行德，封刻政"（《河图合古篇》），"废昌帝，立公孙"（《河图篆运法》），"代赤眉者魏公子"（《春秋玉版谶》），"鬼在山，禾女连""言居东，西有午，两日并光日居下"（《并易说》），此等语半出妄人附会，殊为乖诞。然按《左传》所引鹳鹆之谣，传自文成之世，而已知裯父宋父两名，即龙尾谣云：虢公其奔，取虢之旂，亦必非事后之语，而《传》载列国占筮爻辞，凡数十百年以后之事，无不先有主名，凿凿可数。则《礼》所云：至诚之道必有前知，见乎蓍龟，动乎四体者，圣人亦尝言之，以为必无其事，岂尽然与？

　　凡此之类，皆后人痛诋纬书，所执为口实者，不知其说皆可与《六经》互证，纬可疑，经则断不疑也。更有取者，纬言舜以太尉受号，即位为天子（《春秋运斗枢》），稷为司马（《刑德放》），可广唐虞司空司徒虞士诸名，以考三代官制。纬言祷请山川辞云："方今天旱，野无生稼，寡人当死，百姓何依？不敢烦民请命，愿抚万民，以身塞无状。"（《考异邮》）可见古人祭祀，皆有祝辞，《礼记》祭坊水庸，《论语》子路祷孔子，即其证也。学者苟能择而从之，是亦博闻之助，安见好古苦晚耶？至其论天文日月五星变动之占，及地理生物之殊异，道里之远近，显者足以配《洪范五行》，精者可以考正历书地志之误。故蔡沈《书集传》所称周天三百六十五度四分度之一，即《考灵曜》及《洛书增耀度》之文。黑道二去黄道北，赤道二去黄道南，白道二去黄道西，青道二去黄道东，即《河图帝览嬉》之文。而朱子注《论语》，伏羲龙马负图，注《楚辞》，昆仑者地之中也，地下有八柱，互相牵制，名山大川，孔穴相通，并《河图》之文。《洛书》四十五点，邵子以来，传为秘钥，其法出于太一九宫，实即《易纬乾凿度》之文。是有宋理学大儒亦不能尽弃其学，而欧阳氏、魏了翁辈欲皆去之，真所谓因噎而废食矣！

　　汉时碑刻，多用谶纬成文，论金石者概讥其谬，不知纬与经原无大异。经所不尽，政当以纬补之。若以纬书荒渺，则六经之言，其似纬书所云，曷可胜纪！将尽删之，可乎？朱氏《说纬》一篇，至为精博，而据《谯敏碑》语，谓其学远出谯氏、京氏，盖非探原之论，且不推本经义，证明其说，恐仍未能息群喙也。昶故复申辩于此，以祛浅见之惑。

王昶此跋，即刘师培《谶纬论》所本，原原本本，语皆有据。刘勰所谓"有益文章"者，亦得以具体落实。如果从古代民俗、原始宗教的角度从事研究，图谶纬候之类的典籍确实反映了不少问题。当然，王昶还不可能如此着想。我国古代学者搜采了不少关于谶纬的遗逸资料，而大规模的现代著作《纬书集成》却出于日本学者中村璋八先生之手，可为太息！

二十二、章炳麟《新定助词辨》

经学的研究领域里，本有"小学"一个部类。古代汉语这一学科，原是属于经学的。语词和古代典籍的语言规律，清儒是十分重视，也取得了很大成就的。可有些人把问题简单化了。好像懂点语词，掌握点语言规律，便毫不费劲地可以通经了。王引之写了《经传释词》，于是什么"补""再补"，不断出现；俞樾写了《古书疑义举例》，于是什么"广""再广"，也层出不穷。连篇累牍，重规叠矩，不免有庸俗之感、翻复之厌。章炳麟《王伯申新定助词辩》云：

> 高邮王氏父子，精研故训，所到冰释，人以为无间然矣。石臞苦心寻绎，积六十年，得之既不易，言之殊未敢肆。伯申承其父业，与艰难缔造者自殊。《述闻》一编，诚多精诣。然其改易旧说，亦有可已而不已者矣。

> 其始创作《经传释词》，晚又于《述闻》中著《语词误解以实义》一条，骤聆其说，虽宿儒无以自解，而卤莽灭裂处亦多。肆意造词，视为习贯。且有旧解非误而强词夺之者，亦有本非臆造而不能援古训比声音以自证者。今为驳证数事，以尽后生之责，非欲苟为立异，要使瑾瑜无瑕，方为纯美尔。

章氏所指出的问题很中肯，态度也是诚恳的。今举其所辨证的二例：

> 徂，及也。《周颂·绿衣》曰：自堂徂基，自羊徂牛。言自堂及基，自羊及牛也。

炳麟案：以及训徂，臆造无据。推王意，以为堂与基可言往，羊与牛不可言往尔。不悟羊牛各有顿置之处，就其处言，故云自羊往牛。旧说本无误也。如言由尧舜至于汤，由汤至于文王，皆就时代言，故得言由言至，若如王氏意，固不得由也，亦不得至也。

又：夷，语助也。《大雅·瞻仰》曰：靡有夷届。靡有夷瘳。言无有终极，无有愈时也。《昭二十四左传》曰：纣有亿兆夷人。言有亿兆人也。《孟子·尽心》曰：夷考其行而不掩焉者也。言考其行而不掩也。

炳麟案：《秋官·行夫》焉使则介之。故书作夷使。玄谓夷发声。《诗》之夷届夷瘳，自可从发声之说。若《孟子》之夷考其行，夷正借为焉字。焉，于是也。言于是考其行也。此在《荀子》，则音小变作案矣。至《春秋传》引书之纣有亿兆夷人，与余有乱臣十人相对，必当有所指斥。何得泛以语助解之？

这两个例子，是有启发性的（见《太炎文录续编》卷一，《章氏丛书》三编）。"虚词误解以实义"，固不应该；但有实义之词，往往以语词释之，也恐不免要闹胶柱鼓瑟的笑话的。

二十三、王国维论《诗》《书》成语

王国维《观堂集林》卷二有《与友人论〈诗〉〈书〉中成语书》两篇，所提出的"成语"，即是不能用简单的词语条例所能解决的问题。王国维说：

> 《诗》《书》为人人诵习之书，然于六艺中最难读。以弟之愚暗，于《书》所不能解者殆十之五，于《诗》亦十之一二。此非独弟所不能解也，汉魏以来诸大师未尝不强为之说，然其说终不可通，以是知先儒亦不能解也。其难解之故有三：讹阙，一也（此以《尚书》为甚）。古语与今语不同，二也。古人颇用成语，其成语之意义，与其中单语分别之意义又不同，三也。唐宋之成语，吾得由汉魏六朝人书解之；汉魏之成语，吾得由周秦人书解之；至于《诗》《书》，则书更无古于是者，其成语之数数见者，得比较而求其相沿之意义，否则不能赞一辞。若合其中之单语解之，未有不龃龉者。
>
> 试举一二例言之。如"不淑"一语，其本意谓不善也。不善或以性行言，或以遭际言。而"不淑"

古多用为遭际不善之专名。《杂记》记诸侯相吊辞，相者请事，客曰：寡人使某如何不淑。致命曰：寡人闻君之丧，寡君使某如何不淑。《曲礼》注云：相传有吊辞云：皇天降灾，子遭罹之，如何不淑。如何不淑者，谓遭此不幸，将如之何也。《左·庄十年传》：宋大水，公使吊焉，曰：天作淫雨，害于粢盛，若之何不吊！又《襄十四年传》：公使厚成叔吊于卫，曰：寡君使瘠，闻君不抚社稷而越在他竟，若之何不吊！古吊淑同字，若之何不吊，亦即如何不淑也。是如何不淑者，古之成语，于吊死唁生皆用之。《诗·鄘风》：子之不淑，云如之何！正用此语。意谓宣姜本宜与君子偕老，而宣公先卒，则子之不淑云如之何矣。不斥宣姜之失德，而但言其遭际之不幸，诗人之厚也。《王风》：遇人之不淑。亦犹言遇人之艰难，不责其夫之见弃，而但言其遭际之不幸，亦诗人之厚也。诗人所用，皆当时成语，有相沿之意义。毛郑胥以不善释之，失其旨矣。

古又有"陟降"一语。古人言陟降，犹今人言往来，不必兼陟与降二义。《周颂》："念兹皇祖，陟降庭止"，"陟降厥士，日监在兹"。意以降为主，而兼言陟者也。《大雅》：文王陟降，在帝左右。此以陟为主，而兼言降者也。故陟降者，古之成语也。

陟降亦作陟各，《左·昭七年传》：叔父陟恪，在我先王之左右。正用《大雅》语。恪者，各之借字。是陟各即陟降也。古陟登声相近，各格假字又相通，故陟各又作登假。《曲礼》告丧曰：天王登假。《庄子·德充符》：彼且择日而登假。《大宗师》：是知能登假于道也若此。登假亦即陟降也。又作登遐。《墨子·节葬篇》：秦之西有义渠之国者，其亲戚死，聚柴薪而焚之，燻上则谓之登遐。登遐亦即陟降也。登假登遐，后世用为崩薨之专语，而通语之陟降，别以登降升降二语代之。然四语所从出之源，尚历历可指。《书·文侯之命》言昭登于上。《诗·大雅》言昭假于下。登与假相对为文，是登假即陟降之证也。《左传》之陟恪，《曲礼》之登假，《墨子》之登遐，皆谓登而不谓降，此又《大雅》之陟降不当分释为上下二义之证也。《诗》《书》中语，此类者颇多，如举其一二可知者，知字义之有转移，又知古代已有成语，则古书者，可无以文害辞，以辞害志之失矣。

又云：

古之成语有可由《诗》《书》本文比校知之者。

如高邮王氏之释《书》"猷裕",《诗》"靡盬",瑞安孙氏之释《书》"棐忱棐彝"、《诗》"不殄不瑕",皆是也。今尚有可说者,如《书·康诰》云:汝陈时臬司。孔《传》读司字下属,案下文云:汝陈时臬事,古司事通用,则臬司即臬事,孔读失之。又云:我时其惟殷先哲王德,用康乂民作求,《传》说未了。案《诗·大雅》:王配于京,世德作求。求者,仇之假借字。仇,匹也。作求,犹言作匹作配,《诗》言作对也。《康诰》言与殷先王之德能安治民为仇匹。《大雅》言与先世之有德者为仇匹。故同用此语。郑《笺》训求为终者亦失之。

《酒诰》云:惟天降命肇我民。天降命正与下文天降威相对为文。《多方》云:天大降显休命于成汤。是也。《传》以为天下教令者失之。天降命于君,谓付以天下;君降命于民,则谓全其生命,《多士》云:昔朕来自奄,予大降尔四国民命。《多方》云:予惟大降尔命,尔罔不知。又云:我惟大降尔四国民命。又云,乃有不用我降尔命,我乃其大罚殛之。盖四国之民与武庚为乱,成王不杀而迁之,是重予以性命也。《传》以民命为四国君,以降为杀,大失经旨矣。

《酒诰》云:汝劼毖殷献臣,劼毖义不可通。案上文，厥诰毖庶邦庶士，劼毖殆诰毖之讹。又云：汝典听朕毖，亦与上具尔典听朕教文例正同，则毖与诰教同义，《传》释劼为固，释毖为慎，亦大失经旨矣。

《梓材》云：庶邦享，作兄弟方来。兄弟方，与《易》之不宁方，《诗》之不庭方，皆三字为句。方，犹国也。《传》于兄弟句绝，又以方为万方，亦失经旨。

《鲁颂》：鲁邦是常。《笺》云：常，守也。《商颂》曰：商是常。《笺》云：成汤之时，乃氐羌远夷之国来献来见，曰是我常君也。实则常当为尚，《大雅》：肆皇天弗尚。《墨子·非命下》引《长发》曰：谓人有命，谓敬不可行，谓祭无益，谓暴无伤。上帝不常，九有以亡。上帝不常，即上帝弗尚。《陈侯因资敦》、"永为典尚"，典尚即典常，古常尚二字通用，尚之言右也。此皆可由《诗》《书》比校知之者也。

其余《诗》《书》中语，不经见于本书而旁见彝器者，亦得比校而追其意义。如《书·金縢》云：敷佑四方。《传》云：布其德教以佑助四方。案《盂鼎》云：匍有四方。知佑为有之假借，非佑助之谓矣。

《多方》云：越惟有胥伯小大多正。尔罔不克臬。胥伯，《尚书大传》作胥赋。案《毛公鼎》云：执小大楚赋。楚胥皆以疋为声，是《大传》作胥赋为长。而小大多正，当亦指布缕、粟米、力役诸征，非《孔传》伯长正官之谓矣。

《诗·羔裘》云：舍命不渝。《笺》云：是子处命不变，谓守死善道，见危授命之等。案《克鼎》云：王使善夫克舍命于成周。《毛公鼎》云：厥非先告父厝，父厝舍命，毋有敢蠹，尃命于外。是舍命与尃命同意。舍命不渝，谓如晋解扬之致其君命，非处命之谓也。

《楚茨》云：先祖是皇，神保是飨。又云：神保是格。又云：钟鼓送尸，神保聿归。《传》《笺》皆训保为安，不以神保为一语。朱子始引《楚辞》灵保以正之。今案《克鼎》云：圣念厥圣保祖师臬父。是神保、圣保皆祖考之异名。《诗》之先祖是皇，神保是飨。皇尸载起，神保聿归。皆粗互为文，非安飨安归之谓也。

《文王》：永言配命，自求多福。《传》云：永、长，言、我也。我长配天命而行。案《毛公鼎》：皇天弘厌厥德，配我有周，膺受大命。又云：不巩先王配命。配命，谓天所畀之命，亦一成语。永言配命，犹云永我畀命，非我长配天命之谓也。《思齐》云：不显亦临，无射亦保。《传》云：以显临之，保安无厌也。《笺》云：临，视也。保，犹居也。文王之在辟雍也，有贤才之质而不明者，亦得观于礼；于六艺无射才者，亦得居于位。说尤迂曲。案《毛公鼎》云：肆皇天无射，临保我有周。《师𠭰敦》云：肆皇帝无斁，临保我有周。则临犹保也。《大明》云：上帝临女。《云汉》云：上帝不临。上帝不临，犹《书·多士》云上帝不保也。然则《诗·思齐》盖临保互文。又知上云雝雝在宫，肃肃在庙，亦宫庙互文，非辟雍之谓也。

《卷阿》云：俾尔弥尔性。《传》云：弥，终也。案《龙娲敦》云：用靳眉青，绾绰永命。弥厥生。《齐子仲姜镈》云：用求考命弥生。是弥性即弥生，犹言永命矣。《韩奕》：干不庭方。《传》云：庭，直也。《笺》云：当与不直违失法度之方作贞干。案《毛公鼎》云：率怀不廷方。《左·隐十年传》：以王命讨不庭。则不庭方谓不朝之国，非不直之谓也。

《江汉》云：肇敏戎公。《传》云：戎，大也。公，事也。《笺》云：戎，犹女也。案《不娶敦》云：女肇诲于戎工。《虢季子白盘》云：庸武于戎工。皆谓兵事，训大训汝皆失之。

《商颂·殷武》云：天命降临下民有严。《传》云：严，敬也。《笺》云：天乃下视下民有严明之君。案有严一语，古人多以之斥神祇祖考。《齐侯镈钟》云：虩虩成唐，有严在帝所。《宗周钟》云：先生其严在上，熊熊戁戁，降余多福。《虢叔旅钟》云：皇考严在上，翼在下。《番生敦》云：不显皇祖考严在上，广启厥孙子于下，是天命降临下民有严者。意谓天命有严，降临下民，句或倒者，以就韵耳。《笺》以为下视下民有严明之君者失之。

又《康诰》：要囚服念五六日，至于旬时，丕蔽要囚。《多方》：要囚殄戮多罪。又：我惟时其战要囚之。《传》云：要囚，谓察其要辞以断狱。案要囚即幽囚，古要幽同音。《诗·豳风》：四月秀葽。《夏小正》作四月秀幽。《楚辞·湘君》《远游》之要眇，《韩非子》之要妙，亦即幽眇、幽妙也，《传》以察要辞者失之。

如《书·君奭》云：在让后人于丕时。《诗·大雅》云：帝命不时，《周颂》云：衰时之对。丕时不时衰时，当是一语。《洛诰》云：叙弗其绝厥若。《立政》云：我其克灼知厥若。《康王之诰》云：用奉恤厥若。厥若亦当是成语。此等成语，无不有相沿之意义在，今日固无以知之，学者姑从盖阙可矣。

二十四、滥用经文假借之例

自戴东原（震）主力小学训诂为经学的基本功以来，到了他门下的段（玉裁）、王（念孙）二位大师，奉行之甚笃。彼此相互也以是见推。王念孙为段玉裁作《说文解字注序》说：声音之道大明，而训诂之道大明，训诂声音明而小学以明，小学明而经学明，盖千七百年来无此作矣。段玉裁为王念孙《广雅疏证》写序说：王念孙能以古音得经义，盖天下一人而矣！王氏父子《经义述闻》专附《通说》两卷五十三条，特立《经文假借》一目，辩博甚矣！后儒袭其成说，矜奇炫博，亦颇随意滥用。章炳麟《俞先生传》谈俞樾说经依王氏律令，五岁成《群经平议》，以续《述闻》；又规《杂志》，作《诸子平议》。章炳麟认为俞氏治经不如《述闻》，及到后来写《曲园杂纂》之类，更不免滥用王氏条例。今举《曲园杂纂》一例，以资平议。《曲园杂纂》卷十七《读韩诗外传》载：《韩诗外传》卷一"故君子桥褐趋时，当务为急"。程荣《汉魏丛书》本、胡文焕《格致丛书》本、唐琳快阁藏书本，"桥"皆作"矫"。元本、苏献可通津草堂本、沈辨之野竹斋本、薛来芙蓉泉书屋本、毛

晋汲古阁《津逮秘书》本皆作"桥"，赵怀玉校注本亦
作"桥"，云："桥，或作矫。"周廷寀校注本作
"矫"，云：

> 矫字疑误，当为蹑蹻担簦之蹻，蹻，草履也。

俞樾云：

> 桥、矫并为假字，周疑为蹻，非也。矫褐乃双
> 声连语，即《文选·射雉赋》之揭骄，语有倒顺耳。
> 《射雉赋》云：眄箱笼以揭骄，睨骁媒之变态。徐爰
> 注曰：揭骄，志意肆也。又曰：《楚辞》揭骄作拮
> 矫。善曰：《楚辞》曰：意浇睢以揭骄。今案：揭骄
> 盖有急欲赴之之意，故《射雉赋》用之。其下云：
> 郁轩𪃪以徐怒，思乍鸣以效能。正其义也。此云矫
> 褐趋时，矫褐之与揭骄，声异而义同，亦犹《楚辞》
> 之为拮矫，古义存乎声，不泥其形也。

以上是俞樾说。

今案：《庄子·天下篇》："使后世之墨者，多以裘褐
为衣，以跂蹻为服，日夜不休，以自苦为极。"正以蹻与
褐并言，则周氏读矫为蹻，是也。蹑蹻担簦，《史记·平

原虞卿列传》文，跻、桥、矫，皆借为屩字。《说文》："屩，屐也。"盖贫士所著。屩褐趋时，即上文"家贫亲老者不择官而仕"之意，此成语源于《庄子》，俞氏颠倒文词，附会《射雉赋》与《楚辞·远游》，不免把王氏《经文假借》的条例滥用。

二十五、孔子集大成

《孟子·万章上》称孔子为"集大成"的圣人。"集大成"是个音乐的概念。一场复杂的合乐，丝竹管弦，金声玉振，无不会合，按急骤抑扬，高低抗坠，演奏成功了，谓之有成。孔子集大成，这就意味着在他的思想上、在他的学术上，会集了许多东西，而这些东西综合在一起，却又都是十分和谐的。他被圣化了，好像他是天生圣哲，不需要从别人那里吸取什么。"集大成"这个称号与圣化便不相容。司马迁在《孔子世家》和《老子列传》里，两处都记载孔子曾问礼于老子。韩愈说："圣人无常师，孔子师郯子、苌弘、师襄、老聃，郯子之徒，其贤不及孔子。孔子曰，三人行，则必有我师。"《师说》）这两位敢提出孔子之师来，算是有胆有识的伟人了。

孔子的那部类乎自述传记之书《论语》，它的写成在鲁悼公以后（前428以后），时间已进入战国（说见章炳麟《春秋左传答问》卷一）。《老子》一书当已流传。孔、老之间，不仅仅是问问礼而已，老子的一些思想，已影响到了孔子。《老子》三十八章说："故失道而后德，失德而后仁，失仁而后义，失义而后礼。夫礼者，忠信之薄，而乱之首。"《礼记·礼器》："君子曰，甘受和，白受采，忠信之人，可以学礼。苟无忠信之人，则礼不虚道。是以得其人之为贵也。"这两段话之间，难道能说没有关系吗？我颇为怀疑《礼器》里面所引的"君子曰"，便可能是老子之语。如果说《小戴礼记》出于孔门后学，那么，《论语·八佾》篇即有这样的记载："子夏问曰：巧笑倩兮，美目盼兮，素以为绚兮，何谓也？子曰：绘事后素。曰：礼后乎？子曰：起予者商也，始可与言诗已矣。"这段话的意思，完全同《礼器》一样。所谓"绘事后素"，谓绘彩的加工，应该放在素色之后进行，也即《礼器》"白受采"的意思。郑玄、朱熹诸人不解，认为素最后成色，实为颠倒了！"忠信之人可以学礼"、"礼后"这些概念，不是完全可以说明孔子接受了老子的影响吗？孔子问礼于老子的记载，确是太史公的信史。

在孔子那个时代，影响很大的有《孙子》十三篇。有人说：孔子自己讲："军旅之事，未之学也。"（《论语·卫灵公》）他肯定是不看《孙子》的。这个话不确切。像卫灵公那样的统治者，孔子只能答复没有学过。"子之所慎斋战疾"（《论语·述而》）。他是最重视战争的，怎么不学军旅之事？又怎么不可能去读《孙子》呢？《孙子·军争》篇说："三军可夺气，将军可夺心。"《论语·子罕》篇即有"三军可夺帅也"。同样的语言，能说孔子没有看过《孙子》一类书吗？《孙子·谋攻》篇的"知彼知己，百战不殆"是兵法中有名的语言。《论语·里仁》载："子曰：参乎！吾道一以贯之。曾子曰：唯！子出，门人问曰：何谓也？曾子曰：夫子之道，忠恕而已矣。"谈忠恕这两个字，对曾参这样慎重，进一步推：忠不就是知己吗？恕不就是知彼吗？研究孔学的，似乎没有人从当时的思想学术去理解孔子与时代的关系。所谓"集大成"、所谓"圣之时"，应该像司马迁、韩愈一样，找一找孔子所从学习的老师罢。

二十六、廖平谈蜀学

廖平《经话》云：

予创为今古二派，以复西京之旧。欲集同人之力，统著《十八经注疏》（今文：《尚书》《齐诗》

《鲁诗》《韩诗》《戴礼》《仪礼记》《公羊》《穀梁》《孝经》《论语》；古文：《尚书》《周官》《毛诗》《左传》《仪礼经》《孝经》《论语》《戴礼》。《易》学不在此数）。以成蜀学。见成《穀梁》一种，然心志有余，时事难就。是以初成一经而止。因旧欲约友人分经合作，故先作《十八经注疏凡例》，既以相约同志，并以求正高明，特多未定之说，一俟纂述，当再加商订也（昔陈奂、陈立、刘宝楠、胡培翚诸人，在金陵贡院中，分约治诸经疏，今皆成书，予之所约，则并欲作注耳）。

廖平所提出的《十八经注疏》计划，称为蜀学。他是想用西京家法，统治蜀中经学。这种打算，不免是空想。他著的《重订穀梁春秋古义疏》十一卷，《外篇叙目》一卷，《释范》一卷，《起废疾》一卷，渭南严氏刻本，已算有了很大的收获。章炳麟的《清故龙安府学教授廖君墓志铭》说：

余闻庄生有言：圣人之所以诚世，神人未尝过而问焉。次及贤人、君子，亦递如是。余学不敢方君子，君之言殆超神人过之矣，安能以片辞褒述哉！

廖平欲用他的西京家法，蔚成蜀学，所遇的困难，正如章炳麟此文所描写的一样。蜀学是不会把经学和神学搅在一起的。经学只能实事求是，不可能有什么惊世骇俗的蜀学。

二十七、陈寿祺谈《经郛》

经学资料如何荟萃收拾，从义疏到理解，已有不少整理经验。曾主持编辑《经籍纂诂》，后来又汇刻《清经解》1804 卷的阮元，想到过汇集群经经说，以成《经郛》。这件事虽未成，但可以启发后人对于这方面的设想。今据陈寿祺《左海文集》录写《上仪征阮夫子请定〈经郛〉义例书》于此，以供考虑：

弟子寿祺顿首侍郎夫子阁下：

乃昔仰蒙善诱，俯启祷昧，将于九经传注之外，衷集古说，令寿祺与高材生共纂成之。盛哉乎夫子嘉惠学者之心乎！

寿祺闻王符有言曰：圣人天之口，贤人圣之译。粤自明孟，幽幼诰志。闻诸虞史，初哉首基，释诂肇于姬旦。冠昏聘射之记，每附奄中之经；沈鲁司马之言，博存饼家之传。辩章旧闻，采缀漏逸。五经萌牙，译圣者远矣。何论游夏既往，嬴刘递嬗，《诗》之分为四，《春秋》之分为五哉！汉代经师，恪守家法，专门命氏，显于儒林。精习师传，则独推张禹；不依章句，则见诋徐防。而王吉兼经，能为驺氏；贾逵好古，并通五家。何则？五经剖判，去圣弥远；方语不同，传写遂错。贤者识大，不贤识小。仁者见仁，智者见智。将以扶微学，广异义，与其过而废之也，宁过而存之矣。必移子骏之书，轻毁执政；会范升之议，争及日中哉！且夫说详反约者，学问之枢辖；统同辨异者，礼乐之章条。《易》曰：君子学以聚。又曰：观其所聚，而天地万物之情可见矣。善夫鲁丕之上疏曰：说经者传先师之言，非从己出。难者必明其据；说者务立其义。法异者各令自说师法，博观异义。盖守一先生之言，而不敢杂，此经生之分也；总群师之言，稽合异同，而不偏废，此通儒之识也。是故西京《石渠奏议》，诸儒说难，悉用标名，延世绵邈，瞭如指掌。惜东都《白虎通义》，不复遵其旧章。独许祭酒、郑司农述先圣之本意，整百家之不齐，其所撰著，皆先引诸说，次下己意，异乎党同妒真，专己守残者焉。

今就两大儒之书复按之，许君《五经异义》，今学古学，粲然眉列；日祭月荐，征叔孙通；祝延帝尸，援鲁郊礼。自施、孟、京、房、甘、容、欧阳、夏侯、董仲舒、尹更始、刘更生、韦玄成、匡衡、二戴、禹贡、眭生，淳于登、陈钦、贾逵之伦，靡不捃摭菁华，刊裁臧否。《说文解字》称《易》孟氏、《书》孔氏、《诗》毛氏、《礼》周官、《春秋》左氏、《论语》《孝经》皆古文也。然如贞从鼎省，兼录京房；江之羕矣，别胪韩氏。嵋镜旸谷，经异壁中；玉粲琠猛，句搜《逸论》。《论》收芇芇之今文，《书》载瞉毛之或字。洵所谓博问通人，允而有证，解缪误，达神旨者也。

郑君先事京兆第五君，通《京氏易》《公羊春秋》，又从同郡张恭祖受《周官礼记》《左氏春秋》《韩诗》《古文尚书》，西入关，又因涿郡卢植事扶风马融。其答炅模问解《诗》之义，云：为《记》注时，就卢君耳。先师亦然，后乃得《毛公传》，古书义又当然，《记》注已行，不复改之。故郑君《礼》注引经，多与本书差互。刑劇睟于，乃《京易》之同费；柳榖育子，即《优书》之异孔。以及朱绡被绮，袯李送车。《燕燕》作于哀姜，《崧高》生夫山甫。竹秘翟蔽之殊文，禹陈汤跻之异读。依循三家，迥别毛故。若其本经诠释，亦不曲拘一师。阮徂供为三国之名，厉王后有《十月》之刺。虽云笺毛，间乃从鲁。孟侯采济南之训，《礼目》参信都之第。《周官》则故书特存，《仪礼》则今文不废。《论语》读正齐鲁，《公羊》本异严颜。二郑同宗，既潜辩其雅达；南郡本师，亦弥缝其参错。盖有成兰而谢青，固无是丹而非素。至于河洛纬候，不嫌读谶；墨守胜疾，并附箴肓。洵所谓网罗众家，囊括大典，礼堂写定，学者知归者也。

典午以后，家法渐改，途径方歧。古学飙流，犹在河洛。唐儒孔贾诸经疏义，证发注家，近为敷畅。但恨杜王伪孔，宗主不明。汉魏遗书，遂致散佚。其他依违首鼠，茫昧焉乌，疏漏尚多，良可嗟喟。

今海内嗜古之士，陶化染学，其风世笃，深愍废坠，竞事蒐讨，群经佚注，具辑成书。吾师所修《经籍纂诂》百有六卷，考训故，赅音读，六艺群书，所载备矣。然而微言大义，散见经传。升岳浮海，胥达津梁。食鸡跖者，必取其千；说羊尾者，莫分为二。苟非比以义类，观其会通，则骊牡沿讹，牺尊失据。斥荄兹为巧慧，訾柳卯为乖违。徒烦稽古之三万言，孰订明粢之十二证？

窃谓仲尼二学，祖述尧舜；孟子明事，称之博文。以经注经，折衷之本。造车合辙，此为椎轮。

爰自周秦，下逮南北。传注而外，众说如林。宗经述圣，旁出于史。虽体归文翰，而美傅典坟。或依经以辩理，或错经以合异，或征经以证事，或约经以就意，或析经以断章，或综经以通贯，或袭经以互存，或牵经以旁涉。古训相承，师道未丧。诚六籍之钤键，嘉论之林薮，类而集之，依经条次。以周孔及七十子之徒所说为传训权舆，以诸子百家为经典羽翼，以诸史志传为文义渊海，用以申许郑之闳眇，补孔贾之阙谲。细大不捐，得失咸著，杂而不越，直而勿有。如其别白一尊，俟自得之。《说文》与《尔雅》相为表里，其中所列异文，虽省书名，半居经字。凡所甄录，尤宜该洽。若乃二京讲经之奏，六朝议礼之篇，纲举目张，引申联系。体既鸿综，非可破碎。宜放刘向班固之书，别为通义。取扬子《法言》之语，总名"经郛"。庶几探赜索隐，拾遗补艺，汇九流之支裔，发文囿之根叶。一卷所习，无误于立师；五学不坠，犹瘳于求野。

寿祺粗涉艺林，曾微强识。向者岁在著雍敦祥，养素家衖，亦尝稍事缀辑。取便浏览。人事牵迫，废焉不修。伏惟夫子天下模楷，殿中无双。莅越八年，文武为宪。方面静息，旧文修理。倡明经业，宏奖气类。寿祺幸得陪奉鼓箧，优游湖山。亲聆叩

钟，俾通窥牖。远惭司马，传教蜀人；俯效临硕，
预论《周礼》。蛾子时术，敢撮壤于崇山；驽马十
驾，冀驱尘于策彗。谨依拟条例，撰略呈览。蕲加
捥铩，以就准绳。或令诸生相为参酌，亦可补苴云。
寿祺顿首顿首。

　　这是陈寿祺十分卖力写的一篇佳作。《经郛》是个什
么样子的书，大体已可想像。此信后附《经郛条例》，先
举十大端，然后厘为二十四条。资料如何撷取，体例形
式如何确定，讲得甚为详明。这是阮元没有着手整理的
一项经学资料工作，总望能引起经学研究者的注意。